BEST-SELLER:

a história de um gênero

Halime Musser Prado Henrique

BEST-SELLER:

a história de um gênero

Rio de Janeiro

USINA DE LETRAS

VERMELHO MARINHO

2010

Título Original:
Best-seller: a história de um gênero

Editor-chefe:
Tomaz Adour

Revisão:
Sonia Camara

Editoração Eletrônica:
Bernardo Franco

Capa:
Josias Finamore

Usina de Letras
Rua Conde de Irajá, 90 - Botafogo - (021) 2539-7909
Rio de Janeiro - RJ - CEP: 22271-020
SCS Quadra 01 Bloco E - Ed. Ceará sala 809
Brasília - DF - CEP: 70303-900
www.editorausinadeletras.com.br

Para minha família, Maheva e Juju,
minha irmã do coração

SUMÁRIO

Prefácio

O entretenimento como conceito de valor na literatura: a sedução pela palavra

Felipe Pena

Há uma lacuna nos estudos literários sobre *best-sellers*. Poucos são os acadêmicos interessados no gênero, que sofre com juízos de valor pré-concebidos e uma desvalorização estética disseminada pela mídia. Daí a importância deste livro de Halime Musser, que resgata o entretenimento como conceito de valor na literatura. A autora demonstra coragem e maturidade em sua pesquisa, fugindo dos cânones estabelecidos pela academia e enveredando por um caminho quase ignorado no Brasil.

O fato é que boa parte da literatura brasileira contemporânea presta um desserviço à leitura. Os autores não estão preocupados com os leitores, mas apenas com a satisfação da vaidade intelectual. Escrevem para si mesmos e para um ínfimo público letrado e pretensamente erudito, baseando as narrativas em jogos de linguagem que têm como único objetivo demonstrar uma suposta genialidade pessoal. Acreditam que são a reencarnação de James Joyce e fazem parte de uma estirpe iluminada. Por isso, consideram um desrespeito ao próprio currículo elaborar enredos ágeis, escritos com simplicidade e fluência. E depois reclamam que não são lidos. Não são lidos porque são chatos, herméticos e bestas.

Usei as palavras do parágrafo anterior em uma entrevista concedida a um jornal carioca no ano passado, quando fui injusto e deselegante com diversos autores brasileiros de ficção que não se encaixam no perfil descrito. Minha generalização, no entanto, foi retórica, estratégica. Tinha como objetivo levantar a discussão sobre a formação de um público leitor no país e contestar o predomínio de uma parte da crítica acadêmica que ainda vê na anacrônica experimentação e em conceitos ligados aos formalistas russos do início do século passado os valores supremos do texto literário.

Como disse naquela entrevista, são os doutores universitários (e me incluo na lista) que prejudicam a formação de um público leitor no país. A linguagem da academia é produzida como estratégia de poder. Quanto menos compreendidos, mais nossos brilhantes professores se eternizam em suas cátedras de mogno, sem o controle da sociedade. E isso se reflete na literatura.

Em recente polêmica envolvendo uma crítica da professora Beatriz Resende ao seu último livro, o escritor João Ximenes Braga desabafou: "Críticos de cinema e música entendem que há espectadores e ouvintes com desejos diversificados. Chegamos aos livros e, danou-se, os acadêmicos e certos críticos que sempre falam em 'a literatura' com artigo definido, como se houvesse um único cânone a ser seguido, não fazem cerimônia em dizer que o leitor que não os obedece é burro ou pouco exigente."

Braga pondera que, pela premissa da crítica brasileira, dificilmente haveria uma versão brasileira contemporânea de fenômenos de qualidade e popularidade como o inglês Nick Hornby e o americano David Sedaris. Segundo ele, certos críticos locais os matariam no nascedouro e trucidariam sua linguagem simples, pois negam a possibilidade de uma literatura que não seja dirigida a uma casta de leitores que habita uma torre de marfim.

Concordo com ele. É fácil perceber que grande parte da nossa ficção é elitista e pretensiosa. Os autores (estou generalizando de propósito novamente) não se preocupam com o principal, que é contar uma história. Alguns livros nem história têm, limitando-se ao já mencionado experimentalismo linguístico.

Isso não significa, no entanto, que não sejam boa literatura. Pelo contrário, alguns são obras de arte de relevante valor. Só não são acessíveis. Eu, por exemplo, leio esses autores, mas tenho doutorado em Literatura. Aliás, isso é parte do problema: a academia e uma elite leitora convencionaram que só tem valor aquilo que está na elipse, que força o leitor a encontrar sentido onde poucos conseguem enxergar. Por essa premissa, o que é fácil de ler não tem valor literário. E quem discorda dela é taxado de superficial.

Voltemos, então, à injustiça que cometi. Quero citar alguns autores que defendem o retorno ao compromisso narrativo e não se encaixam no perfil de herméticos. Um deles, o jovem Rodrigo Lacerda, deixou isso claro em entrevista recente a este jornal: "busco uma história bem contada, isto é, aquela que constrói um fluxo envolvente e cujas situações transmitem eficientemente os dramas dos personagens, estabelecendo contato emocional com o leitor."

A definição de Lacerda é primorosa e, como ele, há diversos escritores brasileiros que enveredam pela mesma estratégia. Fernando Molica, Adriana Lisboa, Tatiana Salem

Lévy, Homero Senna, Edney Silvestre, Bernardo Carvalho, Cristovão Tezza, Livia Garcia-Roza, Arnaldo Bloch e Sérgio Rodrigues estão entre eles. E me perdoem todos aqueles que eu não mencionei.

Concordo que cada um escreva como pode, como diz o André De Leones. Mas alguns podem mais do que os outros. O que proponho não é desvalorizar os autores que seguem a verve intelectual da crítica especializada, muito menos desarticular seus grupos de influência que se eternizam em elogios mútuos (e, às vezes, justos) pelos cadernos de cultura do país. O que desejo é apenas abrir espaço para outro tipo de literatura, cuja proposta de retorno ao compromisso narrativo inclua mais um conceito demonizado pela crítica: o entretenimento.

Para os doutores da Academia, entreter significa passar o tempo. É um termo pejorativo, aviltante, usado para diminuir uma obra. Mas não é o que ele significa para quem se envolve com um livro e não consegue largá-lo. Em literatura, entretenimento é sedução pela palavra escrita. É a capacidade de envolver o leitor, fazê-lo virar a página, emocioná-lo, transformá-lo.

É esse o conceito de entretenimento que defendo para a ficção brasileira. Tenho a impressão de que todas as outras artes já o utilizam dessa forma, mas a literatura ainda parece padecer da velha dicotomia entre o erudito e o popular. O paradigma do biscoito fino é uma falácia de quase cem anos na cultura deste país. É o argumento da exclusão. São os brioches da nossa literatura, difundidos pelas Marias Antonietas encasteladas na linguagem empolada do hermetismo. Mas a guilhotina vai chegar.

Ao contrário do que apregoaram certos apocalípticos, a popularização da teconologia valorizou a escrita e, portanto, aumentou o interesse pelo texto, pela palavra. Há leitores neste país, mas é preciso respeitá-los. É preciso produzir narrativas que não sejam meros exercícios de egocentrismo e/ou missivas elípticas endereçadas aos pares. Escrevemos para sermos lidos, o que deveria ser óbvio, mas parece um pecado mortal no sacro universo de nossa literatura. Acredito que precisamos de livros de ficção que sejam acessíveis a uma parcela maior da população. E isso não significa produzir narrativas pobres ou mal elaboradas. Escrever fácil é muito difícil, já ensinava o ululante Nélson Rodrigues.

Minhas reflexões não enveredam pela negação das qualidades e da diversidade da literatura brasileira, mas por uma discussão sobre a formação de um público leitor no país. Mesmo quando classifico boa parte dos autores contemporâneos como chatos, herméticos e bestas, faço-o do ponto de vista da disseminação da leitura, não da análise estética, embora esta última esteja intrinsecamente ligada à minha crítica.

Não se trata de colocar o desejo soberano de ser lido na origem do processo criativo. Mas de entender por que não há espaço para aqueles que têm tal desejo. A literatura brasileira contemporânea tem poucos autores dispostos a contar uma boa história, sem a preocupação de produzir experimentalismos e jogos de linguagem, mas eles convivem com o receio de serem arbitrariamente rotulados como superficiais.

Apesar da tão apregoada diversidade da prosa nacional, a crítica acadêmica dividiu-a em pólos antagônicos.

Quem não é moderninho, é superficial. E ponto final. Essa é a generalização leviana da nossa literatura. É ela que produz distorções, afasta leitores e joga sua névoa sobre o mundo literário, além de disseminar o terror entre os escritores.

E quando falo em terror, não estou exagerando. Vários escritores já me procuraram para dizer que concordam com as ideias aqui apresentadas, mas afirmam que jamais as defenderiam em público com medo de serem rotulados pela crítica. Recentemente, um grupo de dez autores (eu inclusive) assinou um manifesto em defesa da popularização e do entretenimento na literatura. Quando o documento foi divulgado na imprensa, metade do grupo retirou a assinatura. É verdade que outros se juntaram a nós, mas a dissidência confirma que o receio de "brigar" com o pensamento dominante ainda é muito forte na comunidade literária. Embora também queira deixar claro que todos os dissidentes têm o nosso respeito e admiração e apresentaram bons motivos para sair, sendo que um deles se retirou do grupo simplesmente por não ter vocação para a "luta", como muito bem descreveu em sua carta de saída, que é de uma sinceridade louvável.

Mesmo assim, sou um otimista, pois já há um movimento contrário ao "*status quo* literário" no interior da própria crítica. O recente livro do ensaísta búlgaro Tzvetan Todorov, um dos herdeiros mais ilustres do formalismo, é um claro exemplo. Em *A literatura em perigo* (Difel, 2009), Todorov afirma que o principal risco que ronda a literatura é o de não participar mais da vida cultural do indivíduo, do cidadão. E isso acontece, segundo o autor, porque os escritores não se preocupam com a afetividade e o prazer do leitor, limitando-se apenas a aspirar ao elogio da crítica.

Em um *mea culpa* corajoso, Todorov conclui: "A história da literatura mostra bem: passa-se facilmente do formalismo ao niilismo ou vice-versa. (...) Numerosas obras contemporâneas ilustram essa concepção formalista de literatura; elas cultivam a construção engenhosa, os processos mecânicos de engendramento do texto, as simetrias, os ecos, os pequenos sinais cúmplices. (...) Para essa crítica, o universo representado no livro é auto-suficiente, sem relação com o mundo exterior."

Outro crítico de renome, o professor Émile Faguet, titular da cadeira de Literatura Francesa na Sorbonne, também vai pelo mesmo caminho no ensaio *A arte de ler* (Casa da palavra, 2009), quando dá a um capítulo o título de ***escritores obscuros***: "Esses autores desfrutam sempre de enorme reputação. Têm um bando e um sub-bando de admiradores. O bando é composto por aqueles que fingem entendê-los, o sub-bando por aqueles que não ousam dizer que não os compreenderam e que, sem os lerem, declaram que são primorosos"

Mas também há exemplos mais antigos. O irlandês C.S. Lewis, que morreu em 1963, dizia que a grande leitura não exige perícia ou força; exige, ao contrário, desarme e paixão. Lewis era um defensor do leitor leigo, "comum", ou seja, "aquele que lê sem nada esperar, que lê simplesmente porque o livro o agarra e ele não consegue mais largá-lo"

É em busca desse leitor que vai a literatura de entretenimento. E não custa repetir: entretenimento não é passatempo, é sedução pela palavra. É um conceito ao qual se deve atribuir valor artístico e estético. É um termo que não pode ser rotulado ou tratado com preconceito. É um gênero cuja boa tecelagem está entre as mais difíceis e trabalhosas.

Tudo é linguagem, mas a narrativa é a base da literatura. Uma história bem contada é a meta que perseguimos.

Felipe Pena é jornalista, psicólogo, romancista e professor da Universidade Federal Fluminense. Autor de 10 livros e dezenas de artigos científicos publicados no Brasil e no exterior, é Doutor em Literatura pela PUC-Rio, com pós-doutorado em semiologia da imagem pela Université de Paris/Sorbonne III. Escreve crônicas pra o Jornal do Brasil, coordena o GP de Teoria do Jornalismo da Intercom e ministra oficina de crônicas na Estação das Letras, no Rio de Janeiro. Foi sub-reitor da UNESA e comentarista da TVE-Brasil.

Introdução

Os *best-sellers* despertam curiosidade e intrigam leitores e críticos. Amados ou odiados, lidos com avidez ou rechaçados, não existem sentimentos meio termo para descrevê-los. Para desmistificar esse gênero literário e suas características principais, surgiu este estudo.

É correto afirmar que os livros *best-sellers* estão incluídos em um gênero literário que surgiu a partir do século XVIII, na Europa, e se tornam cada vez mais populares entre as grandes massas, especialmente, nos Estados Unidos e Inglaterra. Os temas abordados nesse tipo de literatura, a clareza de sua narrativa e a incansável busca pelo entretenimento e diversão são as bases do gênero. Os desenvolvimentos tecnológicos de produção e impressão permitiram a redução do preço de venda e melhora significativa da distribuição dos *best-sellers* no mercado. Dessa forma, contribuíram para a popularização do gênero.

Ainda hoje, existem poucos estudos específicos a respeito do tema e alguns dos que já foram feitos são baseados em dados, muitas vezes, vagos e que não fornecem ideias precisas sobre toda a trajetória do gênero, tampouco estatísticas atualizadas. Apenas, a partir da década de 70, na Inglaterra e Estados Unidos, foram realizadas as primeiras coletas de dados e análises sobre o assunto. O material que se tem ainda não é conclusivo ou suficiente para traçar características mais profundas sobre o *best-seller*. Ainda assim, o presente livro procurou reunir o máximo de informações disponíveis acerca do tema.

Por meio de análise de obras e autores do gênero, estudiosos como o inglês Clive Bloom e o presidente da Fundação Biblioteca Nacional e Professor Pós-Doutor da UFRJ, Muniz Sodré, foi possível encontrar pontos em comum entre as publicações estudadas por eles e, assim, obtermos características concretas do *best-seller*. As particularidades mais fundamentais são que o gênero surgiu sob fortes influências do Romance e possui estrutura própria. Além disso, visa essencialmente o *entretenimento* do público leitor.

Uma das questões centrais pensadas, neste livro, é a necessidade de gerar mais informações e, especialmente, dados específicos sobre esse tipo de literatura e responder a questão "O que é o *best-seller*?". Como objetivo, está a análise de quais são as estruturas próprias do *best-seller*, como elas se compõem, quais são suas verdadeiras influências – a maior delas o Romance –, seu mercado de atuação e público leitor.

Outro ponto fundamental abordado é desvendar por que o *best-seller* é considerado, pelos críticos, um gênero literário popular menos elaborado e, por isso, visto como "subliteratura". Pretende-se também analisar se os livros que ocupam as posições de livros mais vendidos no mercado e, assim, são considerados *best-sellers*, pertencem ou não ao gênero literário aqui estudado ou em qual momento podemos classificá-los como tal.

Para que o estudo seja mais completo e forneça exemplos mais claros e concretos para os leitores, foram detalhadamente analisados e comparados os universos de quatro romances do autor norte-americano Sidney Sheldon. São eles: *O Outro Lado da Meia Noite* (1975), *A Herdeira* (1978), *A Ira dos Anjos* (1980) e *Se Houver Amanhã* (1985).

O autor Sidney Sheldon (1917-2007) foi escolhido para a pesquisa por ser considerado um dos ícones mais expressivos e representativos do gênero *best-seller.* De acordo com seu *site* oficial, ele já vendeu aproximadamente 300 milhões de livros ao redor do mundo, tendo todos os títulos distribuídos em mais de 180 países e traduzidos para 51 idiomas diferentes, entre eles, russo, turco, chinês, japonês, português, hebraico, grego etc. Cada um dos seus vinte romances já ocupou a posição de número 1 da lista de *best-sellers* do jornal *The New York Times*. Além disso, Sheldon escreveu 200 scripts para televisão, 25 scripts de filmes, seis peças da Broadway. Foi vencedor dos prêmios Oscar, Tony e Emmy, entre outros[1].

No Brasil, Sidney Sheldon foi traduzido e lançado pela editora Record e a vendagem exata era de 4.037.886 exemplares até fevereiro de 2010[2].

Para que este trabalho seja o mais completo possível e com embasamento teórico adequado, tem como base principal os livros *Best-Seller: a literatura de mercado*, de Muniz Sodré, e *Bestsellers: Popular Fiction since 1900*, de Clive Bloom.

Além das obras acima, foram consultados materiais bibliográficos que abordam o surgimento do Romance, suas características principais e como o gênero foi grande

---

1. Dados do *site* oficial de Sidney Sheldon. Disponível em http://www.twbookmark.com/features/sidneysheldon/bio.html. Acessado em 23/04/2010.
2. Dados fornecidos pela editora Record, em 13/02/2010.

influenciador do *best-seller.* Incluem-se ainda temas bibliográficos acerca da composição de personagens, definição de heróis – especialmente, heroínas, o que encontramos em peso nos livros de Sheldon –, personagens femininos na literatura e influências da mitologia.

Entre os principais títulos adotados estão *A ascensão do romance*, de Ian Watts, *O herói*, de Flávio R. Kothe e *Figurações do feminino nas manifestações literárias*, de Tereza Marques de Oliveira Lima e Maria Conceição Monteiro.

Na primeira parte do livro, serão apresentadas as características do Romance, sua estrutura e influências no surgimento do *best-seller.* Em seguida, será feita uma análise aprofundada sobre as características do *best-seller*, autores, dados estatísticos, mercado e público leitor. Para completar e gerar uma visão mais ampla e concreta do tema, serão inseridas análises e comparações produzidas a partir do estudo dos quatro romances de Sidney Sheldon já citados.

Capítulo 1
Romance: as raízes do best-seller

Ao começar a estudar o Romance e suas raízes, percebe-se facilmente que muitas das questões propostas, no início da pesquisa, ficam sem respostas concretas. Mesmo no século XXI, ainda não se tem, satisfatoriamente, dados conclusivos que digam, por exemplo, se o Romance é ou não uma forma literária e como ocorreu seu surgimento, quem foram os primeiros autores, números e estatísticas. O que se encontra são estudos que, talvez, aproximem-se de uma suposta realidade.

Pode-se, num primeiro momento, dividir a modernidade literária em três períodos:

1) A primeira fase seria do século XVI ao fim do século XVIII.

Esse é o momento que nos interessa, pois sugiram, no período, as primeiras expressões do Romance, tal qual o conhecemos atualmente. A era foi influenciada pela Renascença, movimento que desencadeou profunda revolução intelectual e artística;

2) A segunda fase é iniciada com a Revolução Francesa (1789 - 1799) e vai até a Segunda Guerra Mundial (1939 - 1945).

Durante o período, houve a expansão industrial na Europa, o que gerou o crescimento, ascensão e estabilização da burguesia como classe. Observou-se o desenvolvimento de produções artísticas voltadas para as letras, artes plásticas, ensaios filosóficos, políticos.

Um momento importante nessa fase é o surgimento do romance-folhetim, ficção dividida em pedaços (capítulos), inseridos, pela primeira vez, nos jornais diários *Le Siècle* e *La Press*, criados pelo francês Émile de Girardin, em 1836. Com o preço diferenciado e barateado, por causa da inserção de publicidade inglesa e de textos redigidos de forma mais simples, os Diários de Girardin se tornaram mais acessíveis e conquistaram as grandes massas. De acordo com Sonia Maria Lanza, o primeiro folhetim publicado foi *Lazarillo De Tormes*, em 1836, uma novela picaresca muito bem aceita pelo povo francês. Já o segundo folhetim foi *La Vielle Fille*, de Balzac. A partir de então, foi possível perceber que o folhetim apresentava uma estrutura própria, ou seja, era dividido em capítulos cortados sistematicamente para criar suspense e prender a atenção do leitor, apresentava textos e diálogos simples, uso de linguagem coloquial, além de oferecer personagens mais simplificados (herói x vilão; mocinha pura em perigo; os homens do mal que tentam prejudicar o herói; o triunfo do bem).

No Brasil, ainda de acordo com Sonia Maria Lanza, os folhetins tiveram um percurso semelhante: o primeiro surge em 1838, com a publicação de *Capitão Paulo*, de Alexandre Dumas. A partir de então, entre 1838 e 1842, a publicação de folhetins passa a ser diária e o *Jornal do Comércio* torna-se referência, sendo responsável pela publicação de *Os mistérios de Paris*, de Eugène Sue. Devido ao sucesso desse novo tipo de texto, outros jornais logo aderem à prática de publicação folhetinesca. Dentre os autores nacionais que fizeram sucesso publicando folhetins, anos depois, podemos citar Nelson Rodrigues.

Ao explorarem os "curtos romances diários", os jornais, tanto na França quanto no Brasil, conquistaram o público feminino, donas de casa em busca de passatempo, que se tornaram leitoras fiéis. Ávidas pelas histórias sobre mocinhas, heróis, amores impossíveis e aventura, impulsionaram o desenvolvimento e crescimento desse tipo de expressão textual. É importante ressaltar que, no Brasil, os folhetins serviram de base para as radionovelas e telenovelas, que puderam se apropriar do formato estruturado do texto. Os produtores de rádio e televisão inseriram sons e imagens, respectivamente, em seus programas, conquistando as leitoras assíduas dos folhetins, que não só podiam acompanhar suas histórias preferidas, como ouvi-las e assisti-las. Assim, as mulheres se tornaram ouvintes e espectadoras fiéis, fazendo com que as estações de rádio e canais de TV mantivessem uma enorme audiência. Desde essa época, ficou clara a importância do público feminino no desenvolvimento e solidificação do folhetim e, mais tarde, no mercado dos *best-sellers*.

3) A terceira fase ocorre a partir do pós-guerra e vai até os dias de hoje.

Observa-se o surgimento das vanguardas, que buscam trazer novidades, quebrar regras e conceitos em vários ramos das artes.

De acordo com o autor norte-americano Ian Watt[3], em seu livro *A ascensão do romance*, os escritores ingleses do século XVIII, Daniel Defoe (1660 - 1731), autor de *Robinson Crusoé* (1719) e *Moll Flanders* (1722), Henry Fielding (1707 - 1754), autor de *A História de Tom Jones* (1749), e Samuel Richardson (1689 - 1761), autor de *Pamela* (1740) e *Clarissa* (1747-48), podem ser considerados as primeiras expressões do romance. Como os três autores são contemporâneos, supomos que, na época em que escreveram e publicaram seus primeiros trabalhos, as condições sociais, econômicas e políticas eram muito favoráveis para o desenvolvimento dessa nova trilha literária. Era como se houvesse uma demanda do público leitor por algo novo, por uma nova forma de escrita, novos temas, novas abordagens.

Porém, definir as reais características desse novo gênero só foi possível a partir do final do século XVIII, depois do estudo e análise de diversas outras obras e autores. Entre eles, podemos citar o francês Alexandre Dumas, pai (1802 - 1870), autor de *O Conde de Montecristo* (1844). Os trabalhos de Defoe, Fielding e Richardson, naquele momento, não foram suficientes para que ficasse claro o que seria a nova expressão artística chamada de romance.

Atualmente, numa análise geral, podemos afirmar que o romance teria como objetivo a elaboração de um re-

---

3. Watt, 1996: 10

lato, autêntico, das verdadeiras experiências que consideramos únicas para cada indivíduo. O primeiro passo para definir, de forma um pouco mais concreta, o que seria essa nova forma literária, é observarmos suas características em comum.

1.1 O Realismo

O realismo pode ser considerado a característica mais importante que difere o Romance da literatura que existia até então. Segundo Watt, os estudiosos "consideraram o 'realismo' a diferença essencial entre a obra dos romancistas do início do século XVIII e a ficção anterior"[4]. Isso não quer dizer, de forma alguma, que os trabalhos literários anteriores seguiam uma linha voltada para falar do irreal, mas, sim, considerou-se que eram obras que prezavam pelo idealismo.

Em seus romances mais expressivos, Defoe define sua personagem Moll Flanders como uma ladra; Richardson apresenta a personagem Pamela como uma mulher hipócrita; e Fielding narra a vida de Tom Jones, um homem que apreciava sexo. Em momentos anteriores, como na época do Trovadorismo, no século XII, era inaceitável, impossível, imaginar os trovadores cantando seus poemas sobre donzelas maculadas, com experiências na vida, impuras.

Nesse novo momento, o realismo permite que se observe e se retrate o ser humano com seus defeitos e qualidades, impurezas, atos falhos, dúvidas ou, até mesmo, seu lado

4. Watt, 1996: 13

perverso. A questão mais significativa sobre o realismo é perceber que o importante não é a espécie de vida apresentada, e, sim, *a maneira* como ela é mostrada.

Um dos objetivos principais é ser fiel à experiência individual, considerada sempre única e nova. Para esses novos autores, é importante que os conhecimentos acumulados, os momentos vividos, tornem-se a base para retratar com fidelidade o mundo que nos cerca. Ao falar das experiências de cada um, supõe-se apresentar a novidade, o original. Acredita-se que a consequência mais importante dessa nova abordagem é a identificação imediata do leitor com a obra, com os personagens. Quem lê consegue se enxergar no texto, reconhece a própria vida, as angústias, projeta-se.

Porém, uma ressalva de Watt para o romance é que, em algum sentido, essa nova forma literária não deixará de ser imitação de outra obra literária, isso porque "o romancista tem por função primordial dar a impressão de fidelidade à experiência humana".[5] Ao falar de sua experiência pessoal, em algum momento, inevitavelmente, o autor estará falando de uma situação que já foi descrita por alguém, porque, por mais diferente que seja, certas situações e sentimentos se repetem na vida de cada um, salvo certas características que as diferenciam.

Além dessa questão, outra opção feita pelos autores de romance, para melhor retratar a realidade, foi a de relatar as falas e os diálogos tal como eram ditos pelas pessoas comuns. Muitas vezes, precisaram usar uma linguagem mais simples e adequada ao personagem e à história dele a fim de manter a verossimilhança. Dessa forma, foram deixadas de

---

5. Watt, 1996: 17

lado as palavras rebuscadas e as construções mais complexas. Como consequência, houve o empobrecimento das convenções formais, fato que gerou severas críticas ao gênero por parte dos acadêmicos da época.

Um ponto positivo é que a nova literatura conseguiu fugir dos enredos mais tradicionais, como a Mitologia, a História, as lendas populares, que eram temas básicos nos poemas e nas prosas. Os novos motes passam a diferir dos temas abordados por William Shakespeare (1564-1616) e pelo escritor medieval e filósofo inglês Geoffrey Chaucer (1343-1400), autor de *The Canterbury Tales* (1387), ambos considerados pais da literatura clássica inglesa.

Para alguns escritores clássicos da época, preocupar-se com a realidade contemporânea era sinônimo de optar por uma literatura efêmera, de temas transitórios. A palavra "efêmera" tinha um peso bastante pejorativo. Porém, como destaca Watt, "desde o Renascimento, havia uma tendência crescente a substituir a tradição coletiva pela experiência individual como árbitro decisivo da realidade".[6] Esse panorama cultural foi essencial para que houvesse abertura para as novas concepções que o romance propunha.

Baseados na premissa de que o romance deveria abordar a realidade, os autores passaram a escrever narrativas cujos enredos eram inteiramente inventados – mas que pudessem ser considerados "reais" – ou baseados completamente ou parcialmente em suas experiências pessoais. Era importante falar do que fosse contemporâneo ao autor e ao público o qual a obra se dirigia.

---

6. Watt, 1996: 25

Em relação aos personagens, os escritores passaram a dar destaque àqueles que representavam seres particulares, envolvidos num mundo particular, envoltos por objetos particulares e enredos também particulares. De acordo com Watt, o escritor Lord Kames, em sua obra *Elements of Criticism* (Elementos da Crítica), diz que termos abstratos ou gerais não produzem bons resultados numa obra cujo destino é distração, porque são somente com objetos particulares que as imagens podem se formar[7].

Além dessa nova peculiaridade, passou-se também a fazer uso de uma abordagem mais psicológica dos temas e dos personagens. A partir daquele momento, era possível saber como determinado personagem se sentia, como ele enxergava certa situação, seus pensamentos, medos, aspirações. Dessa forma, também é possível criar maior interação entre autor/obra/personagem/leitor.

1.2 O Romance e suas particularidades

Ao se perceber que obra realista precisava de determinadas particularidades para se formar, para se ver entendida e compreendida, viu-se necessário estipular quais seriam essas novas características. Era preciso poder estabelecer uma relação entre determinada particularidade e alguns aspectos específicos da técnica narrativa. Eles serão descritos a seguir.

---

7. Watt, 1996: 32

1.2.1 O nome

A primeira característica determinada é a que se refere à definição de pessoa como ser individual. Era necessário que os personagens não fossem retratados como seres generalizados, mas, sim, como pessoas com identidade pessoal. Isto é, caracterizadas como pessoas reais do mundo contemporâneo, tanto para despertar atenção quanto para gerar identificação com o leitor. O pensamento realista e o romance permitiram dedicar ao indivíduo particular a maior atenção que ele já recebera até aquele momento.

Um dos pontos mais importantes do novo uso do indivíduo-personagem é que os autores puderam apresentar o personagem como um indivíduo real, nomeando-o assim como os indivíduos particulares são nomeados na vida real. Ao receber um nome específico, o personagem ganha identidade própria. Ian Watt cita um pensamento de Hobbes, no qual o filósofo diz que os nomes próprios trazem à mente algo único, enquanto os nomes universais lembram algo geral às pessoas[8].

Watt também afirma que "os nomes próprios têm exatamente a mesma função na vida social: são as expressões verbais da identidade particular de cada indivíduo".[9] Na literatura, coube ao romance estabelecer essa função.

Nas literaturas anteriores, os personagens tinham nomes próprios, mas os nomes utilizados pelos autores não tinham como objetivo criar identidades totalmente individualizadas. Usavam-se, até então, nomes de figuras históricas, mitológicas, lendárias. Com o romance, os personagens re-

8. Watt, 1996: 18
9. Watt, 1996: 20

ceberam nome e sobrenome contemporâneos e isso os tornou pessoas reais. De "Mr. Smith", por exemplo, um lenhador passou a ser chamado de John Smith. A artesã deixou de ser "Mrs. Dunn" para ser Alice Dunn. Qualquer um poderia ser um "Mr. Smith" ou uma "Mrs. Dunn", mas, naquele contexto descrito pelo autor, só havia um único e um particular John Smith e uma Alice Dunn. Eles eram, a partir daquele momento, pessoas reais.

Tanto Richardson quanto Fielding e Defoe deram nome e sobrenome e, às vezes, apelidos e/ou pseudônimos aos seus personagens principais e secundários. Alguns dos nomes eram escolhidos de acordo com a personalidade do personagem, precisavam ser adequados e, muitas vezes, sugestivos. O nome próprio era uma forma de representar o personagem retratado.

1.2.2 O tempo e o espaço

A segunda característica importante é a que diz respeito ao tempo e espaço. O tempo cronológico e o ambiente físico auxiliam o leitor a situar o personagem num quadro de passado, presente e futuro.

Vale ressaltar que muitos romancistas, de Sterne a Proust, segundo Ian Watt, exploraram a personalidade do personagem conforme sua relação entre o passado e o presente[10]. Ao descrever a infância de determinado personagem, seu presente, suas aspirações para o futuro e seus sentimentos em relação a todos os períodos de tempo vividos e situações relacionadas a eles, é possível analisar sua persona-

---

10. Watt, 1996: 35

lidade, compreender quem ele é, que tipo de caráter possui. Ao estudarmos detalhadamente os livros de Sidney Sheldon, ficará mais claro entender o funcionamento da questão.

Pode-se entender que o tempo (cronológico, com data, mês, ano ou acontecimento histórico determinante) e o espaço (geográfico) são fatores que, somados ao nome particular, ajudam a desenhar a imagem do personagem, traçar seu perfil. Ao saber a origem geográfica do protagonista, por exemplo, além das experiências pelas quais passou, podemos determinar o espaço no qual ele se situa. Ao analisar sua vivência no lugar onde houve seu nascimento, seu crescimento e seu futuro, ou alguma informação histórica relevante, temos a ideia de tempo. Como Watt afirma, "as personagens do romance somente podem ser individualizadas se estão situadas num contexto com tempo e local particularizados".[11]

Uma das formas encontradas para misturar o presente e o passado é por meio do uso de *flashbacks*. Em alguns momentos, o personagem pode estar vivenciando uma situação e, ali, lembrar-se de momentos passados, diálogos anteriores. Outra forma é intercalar os capítulos que narrem fatos presentes e outros que narrem fatos passados. Podemos, também, encontrar livros em que a narrativa é essencialmente linear: começa com o nascimento do personagem e se desenrola até um determinado período de tempo atual; ou, ainda, se inicia com a sua morte e se desenvolve até chegar, novamente, na morte apresentada na introdução.

A coerência cronológica é uma particularidade que podemos acrescentar à questão do tempo e espaço. Os autores passaram a se preocupar com o tempo de forma cronoló-

---

11. Watt, 1996: 41

gica, ou seja, relacionar fatos históricos, características de uma sociedade em determinada época, com o tempo, espaço e, assim, determinar a ação e comportamento dos personagens. Tornou-se importante estudar e pesquisar sobre determinada época, para poder retratá-la de forma mais eficiente e verossímil.

Tomemos como exemplo dois livros de Sidney Sheldon que abordaremos no estudo. Em *Se Houver Amanhã*, a protagonista Jennifer Parker nasceu na Louisiana, Estados Unidos, mas não é possível determinar o ano. Pelas descrições e dicas do autor, acredita-se que tenha sido no final dos anos 70. Já em *O Outro Lado da Meia-Noite* as informações são explícitas: as duas personagens principais, Catherine Alexander e Noelle Page, nasceram em 1919, sendo que a primeira em Chicago, nos Estados Unidos, e, a segunda, em Marselha, na França. Catherine vê os Estados Unidos enfrentarem a quebra da bolsa de Nova Iorque e o desespero do pai em busca da sobrevivência, que se seguiu a partir daquele evento, enquanto Noelle vivencia as consequências da ocupação alemã na França, durante a Segunda Guerra Mundial. Tais acontecimentos geraram implicações distintas nas formas de agir, pensar e desejar das duas personagens.

A partir do Renascimento, movimento que influenciou o romance, acredita-se que o tempo não é mais apenas uma dimensão essencial para o mundo físico, mas também um fator que molda a história individual e coletiva dos homens. Os personagens passaram a ver a vida através do tempo, a agir em concordância com ele. De acordo com Watts, "um aspecto da importância que o romance atribui à dimensão do tempo: sua ruptura com a tradição literária anterior de usar histórias atemporais para refletir verdades morais imutáveis"[12].

O enredo do romance também se modifica com essas novas perspectivas e, a partir daí, se difere da ficção anterior, pois começa a utilizar uma experiência passada como justificativa para a realização da ação presente. Com isso, o texto torna-se mais coeso, a narrativa mais amarrada, ou seja, não existem mais meras coincidências vagas, acontecimentos inexplicáveis ou comportamentos aleatórios. Cada gesto, cada pensamento de um personagem é explicado devido a uma experiência já passada por ele, por exemplo.

Ian Watts chama de "fluxo de consciência" a narrativa que se propõe a apresentar uma citação direta (ou seja, diálogos), um pensamento, o que se passa na cabeça do personagem sob o impacto do fluxo temporal[13]. O personagem é uma consequência do tempo e do espaço que o envolve, sendo possível acompanhar seu desenvolvimento, crescimento e amadurecimento. Podemos, a partir daí, trilhar sua trajetória de vida.

Outro ponto importante é que o romance adotou o *detalhamento* do tempo e do espaço, isto é, passou a esmiuçar a vida cotidiana e os acontecimentos. Esse detalhamento faz com que o personagem se torne mais acessível, pois o leitor tem a possibilidade de vivenciar, experimentar e entender o mundo dele na narrativa. Cada escritor define, em seus livros, o tempo e espaço de forma diferente. Foi incluído, em muitas obras, o uso de datas e horário para situar melhor o leitor e fazer com que ele possa participar da ação com tanta intensidade quanto o personagem.

---

12. Watt, 1996: 50
13. Watt, 1996: 53

Nos livros de Sheldon, o autor fez uso de divisão do tempo e do espaço destacando, no começo de cada capítulo, o lugar onde a cena acontece, a data, dia da semana e a hora. Quando precisa mudar bruscamente de período, divide o livro em "Livro Um", "Livro Dois", ou seja, um "sublivro" dentro da obra original.

O autor de romances tem interesse em desenvolver seus personagens no curso do tempo cronológico para poder explicar escolhas e atitudes, deixando sugerido ou, por vezes, explicitado que determinado comportamento foi impulsionado pelas situações vividas tanto num passado recente quanto distante. Assim, ao vivenciar uma circunstância, o personagem adquire experiência, ganha "bagagem". Tal como na vida real, o personagem terá balizamento para modificar-se a ponto de agir de forma completamente diferente num futuro próximo ou distante. Ao longo dos romances de Sidney Sheldon, geralmente, as personagens – mulheres, quase em sua maioria – são meninas ingênuas e que, por forças do destino, deparam-se com obstáculos que as obrigam a descobrir dentro de si força, autocontrole, maturidade e, no final dos livros, nos deparamos com essas personagens totalmente transformadas em mulheres.

Além de especificar o tempo e o espaço, o romance começou a detalhar também o interior dos ambientes, como casas, escritórios, hospitais. Com isso, o leitor pôde identificar o personagem e o local onde a ação se passa. Também se aderiu ao uso do detalhamento geográfico, em que o autor descreve paisagens, cidades e ruas dos lugares onde a ação se desenrola. A partir de um determinado momento, o romance passou a apresentar também a vida cultural de uma região, a explicar o funcionamento de uma determinada instituição, por exemplo. Quanto mais detalhes, melhor, mais verossímil.

Ainda com exemplos em Sheldon, o autor faz uso constante dos detalhamentos de ambientes físicos, geográficos e culturais em seus livros. Ao acompanharmos a trajetória de Tracy Whitney, protagonista de *Se Houver Amanhã*, viajamos por Nova Orleans e conhecemos o carnaval chamado *Mardi Gras*, visitamos o French Quarter, local que reúne os principais pontos turísticos da cidade, como a Jackson Square e a igreja de St. Louis. Quando Tracy é presa, temos a descrição completa de como funciona o sistema penitenciário norte-americano, como é o dia a dia dentro de uma prisão de segurança máxima só para mulheres, conhecemos as gírias que as presas utilizam e, a partir da fala das personagens, podemos perceber certa crítica àquela realidade cruel. Ainda sobre a prisão, Sheldon detalha as celas, cada setor da penitenciária, assim como a casa de cada personagem, o estilo arquitetônico, o estilo de decoração (incluindo peças de arte de artistas famosos) e quais tipos de móveis existem em cada ambiente e em qual posição eles estão. Pela leitura de cada página e de cada detalhe, possivelmente, podemos visualizar com bastante precisão o que o autor deseja. Além disso, ficamos muito mais próximos do ambiente, da época e do contexto em que os personagens se encontram. Tracy Whitney e o leitor fundem-se quase em uma só pessoa, que vivem juntos a mesma história e sentem as mesmas emoções.

1.2.3 A linguagem

No que diz respeito à linguagem, é possível perceber o quão mais claro e de mais fácil compreensão ela se tornou. Ao longo dos textos românticos, os autores recorreram ao uso de palavras e expressões repetidas, parênteses explicativos, verbos no lugar de adjetivos rebuscados. Com isso, o leitor consegue entender e participar da história de forma mais concreta e particular. Por os textos apresentarem estrutura mais simples e conterem informações mais acessíveis ao conhecimento do leitor, não precisam de inúmeras notas nos pés das páginas ou explicações sobre História ou Literatura. Uma consequência dessa nova simplicidade estrutural e vocabular é permitir a tradução do romance para mais idiomas.

A linguagem permitiu que os textos se tornassem basicamente referenciais, ajudando na descrição dos detalhes e dos personagens; as histórias podem ser narradas com as próprias palavras dos personagens ou pelo narrador-observador, que, em terceira pessoa, conta tudo o que acontece, por observar as cenas de fora. No caso de haver um narrador-observador, o autor utiliza frases em itálico para distinguir e representar os pensamentos e opiniões de cada personagem.

É possível afirmar, então, que a estrutura textual mudou completamente a partir do romance. Poemas deram lugar a um texto que foi adaptado ao estilo da prosa, geralmente, uma narrativa, que tinham o objetivo de gerar maior impressão de autenticidade e verossimilhança.

Além disso, o texto corrido permitiu melhor compreensão do fato contado. Isso aconteceu porque o autor, ao descrever suas histórias, pôde criar uma realidade única, particular, real, e escolher palavras que oferecessem melhor compreensão para seu público. Dessa forma, o leitor se identifica com o que lê e percebe que poderia estar vivendo exatamente aquilo que o personagem vive (ponto positivo, já que um dos focos do romance é tentar investigar e relatar a vida real). O gênero permite que haja uma imitação mais imediata e concreta da experiência humana individual e sempre leva em consideração o fator tempo/espaço.

1.2.4 Romance: forma literária mais simples ou mais pobre?

As novas convenções estabelecidas pelo romance fizeram com que, imediatamente, os críticos defensores da literatura clássica o apontassem como uma literatura que exigia menor compreensão por parte do leitor e, consequentemente, poderia ser considerada pobre.

Porém, o fato de o romance exigir menos do leitor é uma das suas principais características, um dos seus principais objetivos. Isto é, ele visa satisfazer os anseios do novo público leitor que despontava na Europa industrial, surgido a partir da nova realidade econômica, social e política.

Naquele momento, século XVIII, a Europa passava por profundas transformações, especialmente, no que diz respeito à Revolução Industrial e, um pouco mais tarde, à Primeira Guerra Mundial e à Segunda Guerra Mundial. Houve, nesse contexto, uma demanda por adaptar a arte à nova realidade. Acredita-se que essa nova tendência literária tenha nascido na Inglaterra e, em seguida, se espalhado por outras regiões.

Com tais transformações intensas, com a demanda das indústrias, os homens, tanto do campo quanto das cidades, passaram a lotar as crescentes fábricas de manufaturados espalhadas pela Inglaterra. O horário de trabalho era exaustivo e só havia uma folga por semana, aos domingos, e, naturalmente, essa parcela da sociedade passou a exigir um tipo de lazer que, ao mesmo tempo, os entretivesse, mas não necessitasse de esforço físico ou intelectual.

Além disso, com o surgimento das indústrias e dos produtos manufaturados, as mulheres, que, antes, cuidavam da casa, cozinhavam, plantavam, faziam sabão, velas, por exemplo, passaram a ter mais tempo livre e ocioso e também começaram a demandar mais opções de distração, que preenchessem seu tempo vago. Soma-se o fato que elas não podiam participar dos negócios dos maridos ou desfrutar com eles os mesmos tipos de lazer. Entende-se, a partir daí, o por que a grande maioria dos romances da época – e até os dias atuais – é voltado tão maciçamente para o público feminino.

Num primeiro momento, os romances abordavam temas religiosos, mas, em seguida, começaram a explorar novas áreas. Nos dias atuais, existem diversos temas, que vão desde religião, passam por histórias fictícias sobre sagas familiares, amores impossíveis e desembarcam em narrativas sobre fantasia, tecnologia, mistério. Após o estrondoso sucesso da saga *Harry Potter*, da escritora britânica J.K. Rowling, lançada em 1997, o mercado literário foi abastecido, em 2008 e 2009, com a saga *Crepúsculo*, da norte-americana Stephenie Meyer, trazendo à tona os vampiros como personagens.

Vale ressaltar que os sete livros sobre o bruxo Harry Potter foram traduzidos para 65 idiomas, estão presentes em

200 territórios, e as vendas atingiram o patamar de mais de 400 milhões de exemplares no mundo e 3 milhões de exemplares no Brasil[14]; já a saga *Crepúsculo* e seus quatro livros estão presentes em 50 países. No que diz respeito à vendagem, foram 100 milhões de exemplares pelo mundo e quatro milhões e 300 mil exemplares no Brasil[15].

Então, a princípio, o romance não quer ser uma literatura mais empobrecida e, sim, uma literatura mais simples, que expresse com qualidade, de preferência, o mundo cotidiano de uma determinada civilização, num certo tempo e espaço.

1.2.5 A ascensão do romance

Ainda hoje, existem poucos dados que permitam entender o desenvolvimento do romance ao longo dos séculos. Pouco se sabe, de concreto, sobre números, autores, público leitor. O que se pode afirmar, certamente, é que, em determinado momento, houve uma mudança de necessidades do leitor e a literatura e o jornalismo evoluíram para atender essa demanda. Houve autores como Defoe, Richardson e Fielding que conseguiram captar o novo momento e desenvolveram obras que satisfizeram o público.

Porém, o que chamamos de "público leitor", naquele momento, era uma parcela muito restrita da sociedade inglesa. Havia grandes limitações no que diz respeito às oportunidades de alfabetização: a grande parte da população do campo era analfabeta, enquanto a população da cidade era

---

14. Dados fornecidos pela editora Rocco, em 29/04/2010.
15. Dados fornecidos pela editora Intrínseca, em 30/04/2010.

semi-analfabeta (sabiam escrever o nome e assiná-lo. Nada suficiente que os permitissem ler e compreender um livro).

A maior parte do público sem instrução pertencia às camadas mais pobres. O ensino público era precário, quase inexistente e, mesmo aqueles que conseguiam frequentar as poucas instituições – se é que podiam, assim, serem chamadas – logo as abandonavam por falta de interesse ou por necessidade de trabalhar no campo e nas fábricas.

Além disso, o preço dos livros era relativamente caro para a época, ainda mais, levando-se em consideração os baixos salários, e poucas pessoas podiam, de fato, comprá-los. O público leitor restringia-se às pessoas da nobreza, mais afortunadas e alfabetizadas.

A ascensão do romance deu-se, justamente, quando as fábricas começaram a gerar lucros e, a partir daí, surgiu uma classe burguesa com melhores condições sociais. Os comerciantes, artesãos bem-sucedidos, profissionais independentes, funcionários administrativos passaram a fazer parte dessa nova classe e, com melhor poder aquisitivo, puderam comprar mais livros. Mas como, ainda assim, algumas obras eram demasiadamente caras, foram lançadas em volumes separados e seu preço, instantaneamente, barateado. Dessa forma, vários títulos tornaram-se mais acessíveis.

Um fator essencial para a ascensão do romance foi a expansão, a partir de 1742, das bibliotecas públicas e circulantes. O cidadão pagava um valor irrisório para associar-se à nova instituição e podia alugar os livros que desejasse. Nelas, havia todo tipo de literatura, mas o romance constituía a principal atração e, sem dúvida, foi o gênero que mais contribuiu para que o público leitor de ficção crescesse ao longo do século XVIII.

Com o desenvolvimento da nova literatura e do seu público leitor, muitos trabalhadores começaram a ver nesse mercado uma nova profissão, especialmente, pessoas como os jornalistas e donos de bibliotecas circulantes. Surgiram, então, pessoas que queriam dedicar-se à produção e à venda de produtos da imprensa. Podemos dizer que o aparecimento dessa "nova profissão" foi alavancada pelo declínio do patrocínio da corte, dos nobres e membros do clero, ou seja, os mecenas. O vazio que se formou entre autor e leitor foi rapidamente preenchido pelos intermediários do mercado literário, os editores ou, como ficaram mais conhecidos, os *livreiros*. Eles ocupavam uma posição estratégica entre o escritor, o impressor e o público. O que não podemos determinar, com certeza, é até que ponto os livreiros puderam, de fato, influenciar diretamente o surgimento do romance.

Contudo, há indícios de que, ao retirar de vez a literatura das mãos dos mecenas, e colocá-la sob as leis de mercado, das leis da oferta e da procura, os livreiros, de alguma forma, contribuíram para o desenvolvimento de novas técnicas literárias. Ou seja, permitiram que pudessem ser produzidas obras que fugissem da tradição clássica, fator indispensável para que os mecenas oferecessem patrocínio.

A partir daí, os autores puderam sentir-se mais livres para escrever, experimentar e adotar um texto mais claro, mais simples, a fim de conquistar uma parcela maior de leitores, inclusive, aqueles menos instruídos. Além disso, os livreiros pagavam de acordo com a rapidez de produção e quantidade de volumes das obras, então, os autores começaram a produzir cada vez mais, em menos tempo, e livros com muitas páginas. É interessante notar que um dos prováveis fatores que levaram os escritores a optar pela prosa, ao invés do verso, é que, além de ser de mais fácil compreensão, podia ser produzido muito mais rapidamente.

Os autores ganhavam por páginas escritas e, de acordo com Watts, entende-se por que tantos livros da época, como *Robinson Crusoe*, de Defoe, ou *Clarissa*, de Richardson, fossem tão extensos, comprometendo, às vezes, coerência da própria história[16]. Além disso, era comum encontrar enormes falhas ao longo da narrativa, porque os autores não faziam revisões no texto, caso não ganhassem para isso.

A partir das informações acima, já podemos começar a pensar nas relações entre romance e *best-seller*.

16. Watt, 1996: 96

Capítulo 2
Best-seller: a história de um gênero

De acordo com a enciclopédia eletrônica Wikipedia[17], um *best-seller* é um livro que pode ser considerado extremamente popular por ter sido incluído na lista dos livros mais vendidos. Porém, o mesmo artigo diz que o termo *best-seller*, no dia a dia, não é, normalmente, associado à literatura acadêmica ou de qualidade literária. O *best-seller*, para muitas pessoas, refere-se, apenas, aos livros de grande popularidade.

Nessa enciclopédia, podemos encontrar também referências que ligam o *best-seller* a um novo fenômeno atual, que o relaciona diretamente à produção cultural de massa e afirma que ele precisa se encaixar no perfil "ser popular porque vende muito". Mas, afinal, o que é o *best-seller*?

De acordo com Muniz Sodré, em seu livro *Best-seller: a literatura de mercado*, podemos dividir os textos literários em dois: "literatura culta" x "literatura de mercado" (ou, ainda, *best-seller* ou *folhetim*)[18]. Mas seria a "literatura culta"

---

17. Dado disponível em http://en.wikipedia.org/wiki/Bestseller. Acessado em 12/05/06.
18. Sodré, 1988: 06

aquela que envolve os escritores consagrados, que escreveram livros considerados clássicos, enquanto seria a "literatura de mercado" uma subliteratura? Não.

Os principais pontos que diferem a literatura "culta" e a literatura "de mercado" são suas regras de produção e consumo. Para que um texto seja considerado como "clássico", "culto", é preciso que ele seja reconhecido, isto é, que entidades como universidades, escolas, possam reconhecê-lo como tal.

Já a literatura de massa não tem qualquer tipo de suporte acadêmico ou escolar. Os seus estímulos de produção e consumo são baseados nas leis de oferta e procura, ou seja, de acordo com as necessidades do mercado. Mas, não necessariamente, um livro considerado *best-seller* teve boa vendagem.

Cada uma dessas literaturas tem suas próprias regras de consumo e produção e isso faz com que cada uma gere efeitos psicológicos diferentes. Enquanto a literatura culta recebe nomes como "clássica", "tradicional", a literatura de massa é, digamos, apelidada de "envolvente", "emocionante", "irresistível". Tais denominações recebidas pela literatura de massa são compostas por adjetivos fortes, que surgem do mercado consumidor, e despertam os interesses dos leitores, ou seja, atingem seu objetivo final: tornar-se um produto altamente vendável.

Existem autores brasileiros que se dedicam à ficção e à produção de *best-sellers*, como o vencedor do premido Jabuti de Melhor Romance Luiz Alfredo Garcia-Roza, escritor de *Silêncio da Chuva* (1996) e *Céu de Origamis* (2009), ambos publicados pela editora Companhia das Letras; e Luis Eduardo Matta, autor de *120 Horas* (2005), editora Planeta, e

O Véu (2009), da editora Primavera Editorial. Porém, grande parte dos escritores reconhecidos no país é de origem britânica e, especialmente, norte-americana. No Brasil, essencialmente, os livros que fazem sucesso entre o grande público foram traduzidos do inglês para o português e tiveram boa vendagem no exterior.

Assim como em relação ao romance, não há dados suficientes para traçar a linha histórica do surgimento desse gênero da literatura, bem como sua difusão pelo mundo e seu público leitor traduzido em números e estatísticas. Acredita-se que os primeiros exemplares de *best-sellers* surgiram no início do século XIX e que um deles se chame *Os mistérios de Paris*, do autor francês Eugène Sue (1804-1857).

Nas prateleiras das livrarias, encontramos livros considerados *best-sellers* voltados tanto para o público adulto como para o público infantil. Há, ainda, aqueles como a saga *Harry Potter*, de J.K. Rowling, que fazem sucesso entre diversos públicos. Talvez essa mistura de interesses se dê pelo nosso contexto histórico atual, em que as crianças, provavelmente, se desenvolvem mais cedo e os adultos buscam pela inocência perdida. Mas esse assunto não cabe, agora, neste trabalho.

A partir de 1930, os *best-sellers* ganharam espaço nas prateleiras e passaram a abranger muitos assuntos, especialmente, aqueles voltados para o público feminino. Entre os temas, podemos encontrar livros sobre romances românticos, romances urbanos e de interior (campo), mistério, terror, ficção científica, sagas, fantasia, erotismo, romances policiais, detetives. A partir dos anos 60, ganham notoriedade os temas voltados para sexo, aventura, vida das gangues, máfia. Tais temas foram se reciclando e se modernizando de acordo com a época vigente.

No final do século XX, os dois assuntos mais vendidos eram os voltados para detetives (podemos incluir *Sherlock Holmes*, de Sir Arthur Conan Doyle) e temas para mulheres, como romances e livros eróticos.

De acordo com alguns dados fornecidos por Clive Bloom, em seu livro *Bestsellers: Popular Fiction Since 1900*, o século XX foi considerado, dentre o público que fala inglês, o século da produção e consumo literário, superando o rádio, a televisão e os jornais. Os livros estão mais disponíveis e mais baratos e isso, consequentemente, influencia no aumento de seu consumo[19].

A partir do século XX, ainda segundo Bloom, os livros *best-sellers* passaram a se preocupar tanto com a vida social quanto com o entretenimento e as ideias[20]. Talvez fique mais claro quando analisarmos as quatro obras selecionadas de Sidney Sheldon. Os livros de Sheldon procuram, sem dúvida, entreter o leitor, tanto que, em todas as resenhas impressas nas capas de seus livros, os críticos deixam bem claro o quão bom aquele livro é para o lazer. Porém, ao mesmo tempo, Sheldon fornece ao leitor dados estatísticos e culturais sobre as sociedades as quais aborda em seus romances, assim como, na voz dos personagens, opina sobre determinadas formas de governo, aborda questões referentes ao antigo Terceiro Mundo, dívida externa, sistema penitenciário etc. Como diz a personagem Tracy Whitney, em *Se Houver Amanhã*, "É interessante - Tracy disse pensativa –, os países que atacam a América por ela ser muito gananciosa são

19. Bloom, 2002: 05
20. Bloom, 2002: 06

os primeiros a nos implorar por empréstimos"[21]. Alguns desses diálogos chegam a ser pejorativos, como é o caso deste outro trecho do mesmo livro, em que Tracy é abordada por um desconhecido em uma festa:

> – Como pode eu e você nunca termos nos encontrado antes?
> – Eu estava morando na América do Sul – Tracy explica. – Na selva.
> – Por quê?
> – Por que meu marido é dono de algumas minas no Brasil.[22]

Além disso, os *best-sellers* da atualidade já vêm em formato adaptável para outras mídias, como o cinema ou televisão. Inúmeros livros de Sheldon já foram adaptados e transformados em mini-séries, entre eles, *A Ira dos Anjos.*

Diante do mercado competitivo e acirrado dentro da literatura de *best-seller*, as editoras estrangeiras optaram por não publicarem muitos dos dados que possuem, especialmente, em relação a números de vendas e temas mais procurados, tudo para evitar a competição. De acordo com os editores ingleses, a escolha dos temas dos livros é feita mais por instintos pessoais do que por análises de mercado. E dizem, também, ser bastante fácil entender o mercado, ver o que funciona, ao observar os fracassos de vendas, ao invés dos sucessos. Se um livro de determinado tema não foi bem nas vendas, significa que não agradou ao público e perde espaço na produção e prateleiras[23].

---

21. Sheldon, 1985: 8. Tradução livre.
22. Sheldon, 1985: 280. Tradução livre.
23. Bloom, 2002: 8

Um dado curioso é perceber que, geralmente, os livros para mulheres são escritos por mulheres, enquanto os homens escrevem livros sobre guerra, crime, terror. Mas há exceções. No caso de Sheldon, ele é um homem que escreve sobre mulheres, dando voz a uma mulher quase sempre. Sem dúvida, tal fato atrai um público feminino considerável para as obras dele, pois suas heroínas, de alguma forma, acabam se tornando personagens em quem as leitoras se projetam. Por outro lado, os livros são cheios de ação, suspense, mortes, perseguições e julgamentos, o que, possivelmente, desperta bastante interesse do público masculino.

Numa entrevista para seu *site* oficial, Sheldon afirma que a escolha por personagens femininos nunca foi uma decisão consciente, porém as mulheres de suas histórias são mulheres de personalidades fortes e lindas fisicamente, pois refletem as mulheres que ele conheceu em sua vida[24]. Possivelmente, a força feminina atrai as mulheres, assim como a beleza física e os dotes sexuais de personagens como Jennifer Parker, Noelle Page, Catherine Alexander atraem os homens.

2.1 A efemeridade do *best-seller*

Por o *best-seller* ser uma literatura popular ficcional, acaba tendo um período de duração muito curto nas prateleiras. Isto é, um livro entra no mercado, é apresentado ao público por meio de anúncios, de propagandas excessivas, de

24. Dados do *site* oficial de Sidney Sheldon. Disponível em http://www.twbookmark.com/features/sidneysheldon/interview2.html. Acessado em 03/05/2006.

críticas positivas, mas, depois de determinado tempo, acaba entrando numa posição de saturação, principalmente, quando surge outro *best-seller* para tomar o seu lugar. Por isso, para sobreviver, o *best-seller* é um gênero que precisa ser sempre reinventado. Por exemplo, livros que se passam no século XIX ou início do século XX, perdem espaço no mercado atual, pois seus temas não abordam uma realidade que nos é conhecida, familiar. O público leitor do *best-seller* é um público que espera saber o que o autor está falando, vide o que foi estudado mais acima, quando ainda falávamos do romance: esse tipo de literatura não explica História. Ela é voltada para a contemporaneidade do leitor.

Por causa da efemeridade desse gênero e do constante problema relacionado às vendas, os autores de *best-sellers* correm constantemente o risco do insucesso: virar imitadores do seu próprio trabalho. Para garantir as vendas, eles começam a repetir padrões que deram certo em romances anteriores, tanto seus quanto de outros colegas, ou seja, seguem as chamadas "fórmulas".

É fato que existem diversos autores que fazem reproduções de antigos trabalhos, podemos perceber isso nas telenovelas (os folhetins) da nossa atualidade. Faremos essa verificação mais a seguir, nos livros de Sheldon.

Porém, há uma diferença no que diz respeito à "fórmula" e "recriação" no mundo dos *best-sellers*. A fórmula seria seguir exatamente um padrão rígido e fechado pré-determinado pelo autor. Possivelmente, depois de ler vários títulos de um mesmo autor de *best-seller*, o leitor consiga captar essa "fórmula"; assim, as obras daquele autor acabam por tornarem-se desinteressantes para tal leitor.

A questão da recriação se refere ao autor de ficção ter em mente que, inevitavelmente, ele precisará recriar e reciclar algum tema que já abordou e fez sucesso. Tal estratégia teria como objetivo uma nova garantia de sucesso. Na realidade, trata-se de uma manutenção da "fórmula", mas de maneira menos explícita. Seria aplicar a "fórmula", mas misturando-a com inovações.[25]

Bloom diz, em seu livro, que todos os autores de ficção devem estar conscientes de que serão plagiados, copiados. Num mundo em que a venda e o retorno do lucro estão em evidência, repete-se o que foi sucesso, justamente como "garantia" de boa aceitação por parte do público e, consequentemente, boa vendagem. A literatura popular sempre irá olhar para trás, para seus *best-sellers*, ver o que de melhor foi feito e, dali, tirar inspiração, influências. Num certo momento, algum autor poderá ter uma ideia brilhante e escrever sobre algum tema novo, mas, em pouco tempo, possivelmente, aquele tema será copiado por outros autores que perseguem as fórmulas do sucesso.[26] Como exemplo, podemos voltar aos vampiros: a escritora Anne Rice foi uma das precursoras do tema. Anos depois, Stephenie Meyer retomou o assunto nos quatro livros da série *Crepúsculo*, mas com novo enfoque, mais voltado ao romantismo adolescente. Desde então, surgiram diversos autores escrevendo sobre o tema, como a norte-americana Lisa Jane Smith, da série *Diários do Vampiro*, que, em 2009, retomou a saga, inicialmente escrita em 1991. Os livros de Lisa Jane foram adaptados para uma série televisiva de título homônimo. No Brasil, o escritor André Vianco representa os autores

25. Bloom, 2002: 17
26. Bloom, 2002:20

apaixonados pelas sagas vampirescas e o livro *Os Sete*, lançado em 2000, já vendeu mais de 50 mil exemplares no país[27]. No total, o autor vendeu aproximadamente 700 mil exemplares.

2.2 *Best-sellers*: a representação de um estilo de vida

Uma das questões mais importantes, ao abordar os *best-sellers*, é discutir a questão do estilo. Ele foi um gênero de ficção que nasceu sob a influência do romance e também possui suas características próprias, mas quase todas elas são baseadas diretamente nas diretrizes românticas.

Pode-se afirmar, de início, que uma importante característica do *best-seller* é não precisar ter estilo. Isso significa que a narrativa pode ser simples, porém, precisa ser bem guiada e coesa, para que exerça bem a função de contar uma história, um drama. A linguagem precisa estar preocupada com a norma culta, mas, diferente de antes, encontra-se mais voltada para o "natural" dos personagens, isto é, representando as falas das pessoas tais como elas são. Isso fica claro nos livros de Sheldon quando os personagens principais encontram-se com personagens de periferias ou gangues, que têm o vocabulário repleto de gírias.

Outra questão é que, geralmente, os autores dos *best-sellers* apresentam seus personagens como sendo pessoas de muito estilo de vida, muito bem sucedidas, de personalidade forte. Alguns, como o caso de James Bond, por exemplo,

---

27. Dados do *site* oficial de André Vianco. Disponível em: http://www.andrevianco.net/sete.html. Acessado em 23/04/2010. Hoje, o autor é editado pela editora Novo Século.

chegam a ter marcas próprias, atitudes únicas, usam roupas de certas grifes, têm comportamentos particulares. Na ficção, há o encontro do estilo de vida com a história narrada. Tanto o glamour quanto o poder servem para excitar a mente do leitor.

Além disso, na nossa sociedade capitalista, a competitividade acirrada faz com que o sucesso seja o principal foco. É de se esperar que os personagens principais dos *best-sellers* sejam pessoas bem sucedidas na vida, seja de forma geral ou em áreas específicas. Alguns personagens vêm de berço humilde, passam por dificuldades, problemas difíceis, mas têm garra, inteligência, visão de futuro para vencer tanto profissionalmente quanto emocional e financeiramente. São pessoas que possuem, acima de tudo, a virtude da paciência e estão sempre prontas para lutar em nome do seu bem-estar e sucesso. Esse é, mais ou menos, o perfil dos personagens que encontramos nos romances de Sidney Sheldon.

A questão é que tais personagens fazem sucesso não só por suas personalidades marcantes, mas porque devem ser as projeções de tudo aquilo que desejamos ser ou ter na vida: sucesso, um excelente emprego com um cargo de prestígio numa grande empresa multinacional, dinheiro à vontade, um amor para a vida inteira, sexo selvagem todos os dias, momentos incalculáveis de lazer, viagens ao redor do mundo, beleza física devastadora, um corpo escultural, roupas de grife para usar em todas as ocasiões, oportunidades para jantar nos melhores restaurantes ao redor do mundo a qualquer momento.

Nos casos de Sheldon, tantos os homens quanto as mulheres são bem sucedidos sempre antes dos 30 anos. Eles são os protótipos do sucesso no capitalismo. Apesar de enfrentarem problemas e dores profundas, bastam duas ou três páginas para que suas vidas estejam reestruturadas novamente. A mudança de um capítulo para o outro é o suficiente para que anos se passem e o personagem esteja numa situação muito melhor. Eles são exatamente tudo o que desejaríamos ser. E mais: são quase inabaláveis.

2.3 Estruturas e bases do *best-seller*

De acordo com Muniz Sodré, o *best-seller* tem algumas características básicas que, indubitavelmente, irão se repetir nas mais diversas obras dessa literatura. Tais características fazem com que o gênero acabe por se tornar dependente de uma fôrma, como uma tentativa de manter o sucesso.[28]

Podemos separar algumas características principais:

Os personagens seguem modelos de conduta, como os super-heróis. O fato de passarem por algum tipo de obstáculo ao longo da trama os torna ainda mais fortes, mais virtuosos. Eles podem, como no caso dos personagens de Sheldon, em algum momento, escolher seguir por um caminho mais duvidoso, mas fica claro que só o fizeram para destruir o inimigo que os fez sofrer, quem os prejudicou. No final, voltam a ser cidadãos exemplares porque triunfaram contra o "mal".

Além disso, esse gênero tem como objetivo informar, atualizar o leitor, jornalisticamente falando. Como foi dito

28. Sodré, 1988: 54

anteriormente, em todos os romances de Sheldon, o autor nos fornece dados específicos sobre a geografia, política, cultura dos locais onde os personagens se encontram; aprendemos como se organiza e funciona a Máfia Americana (ele aborda a questão da *Família Cosa Nostra*, famosa gangue de mafiosos do nordeste norte-americano, que aparece em diversos livros), recebemos dicas sobre funcionamento de negócios, analisamos as artes de uma forma geral, entendemos como é a gerência de um banco e a vida dentro de uma penitenciária. Os livros de Sheldon nos oferecem panoramas sobre a Segunda Guerra Mundial, a Guerra Civil Espanhola, a Grande Depressão nos Estados Unidos na década de 30.

Há também o uso recorrente de *pedagogismos*[29], ou seja, os autores procuram passar mensagens explícitas ou implícitas, em seus textos, que possam causar algum impacto ideológico no leitor. De uma forma ou de outra, o escritor deixa claro a sua posição diante de determinado assunto. No caso de Sheldon, vemos essa característica ao longo das tramas e, muitas vezes, percebe-se que o autor se perde em estereótipos e pré-julgamentos. Como exemplo, podemos destacar os países da América Latina, em especial o Rio de Janeiro, considerado como rota de fuga para membros das gangues; Os personagens europeus criticam a todo o momento os personagens americanos por serem gananciosos, fúteis, arrogantes, por se acharem donos do mundo; Os negros são sempre membros das gangues de rua e têm pouco espaço ao longo das histórias.

Porém, a característica mais fundamental de qualquer *best-seller* é o *entretenimento*. Do ponto de vista estilís-

---

29. Sodré, 1988: 57

tico, a leitura é leve e corrida, como se o leitor estivesse folheando uma revista. Em hipótese alguma, o texto deve fazer o leitor voltar às páginas passadas para entender um determinado assunto que não foi corretamente explicado. Todos os acontecimentos e tramas devem ser de muito fácil compreensão. O público leitor contemporâneo tem as mesmas necessidades dos primeiros leitores do romance: vive-se para o trabalho, para as tarefas do dia a dia, para dar conta de todas as cobranças da sociedade capitalista moderna e, por isso, procuram, para seu lazer, algo que lhes proporcione prazer, que seja uma válvula de escape.

Observa-se abundância de diálogos entre os personagens nos textos, o que gera adesão do leitor à trama e exploração da curiosidade. No que se refere à questão da curiosidade, podemos dizer que ela é extremamente importante porque está diretamente ligada à necessidade do *best-seller* em entreter.

É comum encontrarmos, no final de cada capítulo, cenas intrigantes que só serão resolvidas em dois ou três capítulos depois, o que faz com que o leitor não consiga parar de ler o livro. Chama-se tal artifício de "gancho".

Mas, de toda forma, é preciso que a leitura, acima de tudo, seja prazerosa, pois o foco do *best-seller* está no conteúdo. Deseja-se poder contar uma boa história e oferecer certo punhado de informações úteis.

Os temas podem ser os mais variados, mas estão sempre abordando o que é universal: romance sentimental e/ou erótico (amor, sexo, corpo), policial (com o crime, a perseguição, cenas de julgamentos, mistério, suspense), detetives, ficção científica, fantasia, terror.

No caso dos romances de Sheldon, encontramos uma mistura de temas e abordagens. A trama básica, geralmente, gira em torno de uma mulher que, por vontade do destino, sofre algum tipo de perda ou prejuízo financeiro ou moral. A partir desse momento, inicia-se uma trama de ação, que envolve julgamentos – em alguns casos, da personagem principal, inclusive –, polícia (FBI, Interpol), detetives particulares, advogados, Máfia. Sem dúvida, esse foco atrai o público leitor masculino. Por outro lado, todos os romances são repletos de pitadas de romance, com a presença de homens estonteantes, galãs, que dão à personagem principal um sexo explosivo e, ao mesmo tempo, cheio de ternura; tais características despertam interesse feminino.

As tramas de Sheldon também seguem a estrutura do romance que se baseia no esquema "tensão/afrouxamento", "nova tensão/novo afrouxamento", muito usado no *best-seller*. Outro recurso bastante utilizado pelo autor é inverter a cronologia dos fatos, ou seja, começar a história pelo seu final (a partir de um julgamento importante, por exemplo), com a finalidade de gerar maior suspense, e, a partir daí, desenrolar a trama até que ela chegue, novamente, no ponto de partida do livro e, assim, a história possa ser concluída no capítulo final. Dentre os livros analisados neste trabalho, encontramos esse recurso em *O Outro Lado da Meia Noite*, que se inicia com o julgamento de Noelle Page e Larry Douglas, amantes acusados da morte da personagem principal Catherine Douglas. Porém, existem outros exemplos desse mesmo caso na literatura de Sheldon.

2.4 A ascensão do *best-seller*

Após o surgimento do Romance, no século XVIII, seus subgêneros começaram a ser desenvolvidos. Ainda não há informações concretas de quem foram os primeiros autores e suas obras, suas origens. Muniz Sodré data como sendo na França, por volta de 1830[30]. Apesar da falta de dados concretos sobre o tema, alguns aspectos são de grande relevância para o entendimento da ascensão do *best-seller*, especialmente, dentro do mercado norte-americano e inglês.

2.4.1 Um pouco de história

É importante perceber que, com o desenvolvimento do Capitalismo e das indústrias de manufatura, a sociedade da época - principalmente, as grandes massas - começou a demandar novas formas de lazer e encontraram nos livros uma excelente opção. Nos dias de folga, a leitura permitia que, ao mesmo tempo em que relaxavam, pudessem descansar e aproveitar a família.

Porém, com o final da Primeira Guerra Mundial, o cinema entrou em alta, especialmente o cinema norte-americano, tanto nos Estados Unidos quanto na Europa. Tal fato fez com que grande parte do público leitor migrasse dos livros para as salas de cinema. Em torno de 1930, ficou claro para muitos autores e editoras que, para recuperar seu público consumidor, seria necessário unir o cinema e a literatura. Acredita-se que, com isso, o gênero narrativo ganhou

---

30. Sodré, 1988: 34.

força, pois ele era a forma literária com maior capacidade de produzir textos adaptáveis para aquela nova mídia.

Com o advento do cinema, as pessoas desenvolveram o desejo de saber mais sobre seus atores preferidos e, prontamente, as editoras começaram a editar revistas e livros especializados no assunto, inclusive biografias. Também houve nova demanda por livros que abordassem os mesmos temas dos filmes da moda, que fossem tão emocionantes quanto os filmes preferidos. Atentas ao novo aspecto do mercado, as editoras lançaram enxurradas de romances cujos temas estavam em voga perante o grande público.

Contudo, observou-se também que se certo gênero perdia a força dentro do cinema, consequentemente, também caía o consumo de livros sobre o mesmo tema, como aconteceu, por exemplo, com o *Western*, nos anos 60. Para os críticos da época, o público leitor dos livros, influenciado pelos temas do cinema, configurava-se muito menos intelectualizado. Talvez esse seja, entre outros, um dos motivos pelos quais o *best-seller* é considerado uma literatura pobre, já que passou a atender uma nova demanda baseada na efemeridade e na simplicidade.

Com o surgimento e crescimento do número de bibliotecas públicas e circulantes, como foi dito no capítulo sobre o romance, a procura por livros aumentou significativamente, pois a leitura se tornou mais acessível. Acredita-se que as pessoas que alugavam os livros eram as mesmas que os compravam. E os leitores assíduos tinham o costume de procurar por novos autores, novos títulos, enquanto os leitores ocasionais preferiam (e ainda preferem) fazer suas escolhas a partir da reputação de certo autor, pelo tema de mais fácil entendimento ou pela sinopse da história em questão, principalmente, os livros indicados por jornais e revistas de credibilidade, por serem considerados como obras detentoras de qualidade. Nas bibliotecas, a oferta de livros e gêneros aumentou de forma tão expressiva que os títulos foram separados em seções, por "gêneros" e "subgêneros". Em seguida, divididos pelo nome dos autores em ordem alfabética, para facilitar ainda mais a busca.

2.4.2 Mulheres e o *best-seller*

A partir de 1980, percebeu-se um aumento da participação feminina dentre o público leitor. Uma possível justificativa para o fenômeno é notar que muitos autores masculinos começaram a optar por personagens femininos como protagonistas em suas tramas, como é o caso de Sidney Sheldon. Segundo Clive Bloom, na metade de 1990, sete dos 10 livros que ocupavam a lista dos mais vendidos, na Inglaterra, tinham mulheres como personagens principais. A mais famosa delas era Clarice Starling, dos livros sobre Hannibal Lecter, de Thomas Harris.[31]

Outro dado interessante é que, nessa época, ¾ do mercado editorial era ocupado por mulheres, inclusive, em cargos de gerência e chefia. Acreditava-se que nada melhor do que mulheres para lançarem estratégias de venda visando o público feminino.

---

31. Bloom, 2002: 52.

2.4.3 *Hardback* x *Paperback*

Um problema real que as editoras encontraram, ao tentar vender seus *best-sellers* e, não só tê-los como livros para aluguel nas bibliotecas, foi a questão do preço. Os livros eram impressos em folha especial e capa dura (*hardback*), o que aumentava consideravelmente os custos e, consequentemente, o valor que precisavam cobrar pelo produto final. Os livros eram impressos em tiragens menores, por causa dos gastos, e a venda e retorno eram menos rentáveis. Além disso, não havia grandes investimentos em marketing e na divulgação dos livros, o que fazia com que muitos leitores nem tomassem conhecimento de certos lançamentos.

A grande revolução da indústria de edição veio em 30 de julho de 1935, quando um inglês chamado Allen Lane criou uma impressora apelidada de *Impressora Pinguim*. A nova máquina possibilitou o início das impressões de livros em capas de papel (*paperback*).

A partir desse momento, os romances e *best-sellers* puderam ser impressos com uma qualidade de papel inferior à usada nos livros de capa dura, mas que tinham um custo de produção menor e, por conseguinte, valor de venda muito mais baixo. Com o *paperback*, o livro se tornou um bem acessível ao grande público. A *Impressora Pinguim* foi vista como a salvadora das editoras e a responsável pela disseminação de valores culturais, já que as pessoas teriam maior acesso à leitura.

Para os críticos, o *paperback* foi mais um motivo para enxurrada de críticas. Eles diziam que apenas livros de baixa qualidade intelectual seriam impressos em capa de papel e, consequentemente, o público teria fácil acesso a uma literatura de pior categoria. Mas o que se viu foi que tanto os novos lançamentos como os clássicos foram impressos e reimpressos a custos muito baratos.

Os *paperbacks* ganharam ainda maior espaço e ascenderam mais rapidamente dentro da literatura voltada para o público feminino. Na década de 70, autores como Sidney Sheldon, Jackie Collins e Harold Robbins tiveram seus romances traduzidos e impressos em diversos idiomas.[32]

Associado à questão da venda, o *paperback* fez com que as editoras precisassem se preocupar com a parte estética dos *best-sellers*. Para vender mais, era preciso que os livros despertassem interesse. Assim, começaram a investir em novos layouts para as capas com o uso de cores, texturas, fontes em alto relevo, fotos (em especial, para os livros femininos). Houve aumento expressivo no investimento em marketing e divulgação de livros e autores.

É interessante notar, também, que as contracapas dos livros de capa de papel ofereciam (e ainda oferecem), além da sinopse, críticas positivas de diversos jornais e revistas, o que servia para atrair ainda mais o leitor. Geralmente, ainda hoje, usam-se descrições rápidas dos temas, exclamações e adjetivos fortes em abundância para expressar o quão bom é aquele título em questão. No caso dos livros de Sidney Sheldon, encontramos sempre críticas muito positivas de jornais e revistas renomados como *The New York Times*, *The Washington Post*, *Cosmopolitan Magazine*, *United Press International*, entre outros, o que dá a seus romances a noção de qualidade e credibilidade. Ao analisar romances de Sheldon neste estudo, vemos os críticos os definirem das se-

---

32. Bloom, 2002: 69.

guintes formas: "Impossível de parar de ler!" (*The Washington Post*), "Delicioso... Sidney Sheldon é um contador de histórias para leitores que amam entretenimento" (*Pittsburgh Press*), "Sexo e intrigas num romance que não dá para parar de ler!" (*Pittsburgh Post-Gazette*), "O melhor romance de Sheldon até o momento. Quase uma obra-prima para toda a contemporaneidade" (*Hollywood Reporter*).

A partir do final da década de 80 e início dos anos 90, surgiram, na Inglaterra e Estados Unidos, as grandes livrarias, como *Barnes & Nobles* e *Books-A-Million*, onde os leitores podiam, confortavelmente, passar horas à vontade, para ler livros e tomar café. Ainda encontravam livros a preços muito mais acessíveis, porque as grandes cadeias, ao solicitarem uma quantidade maior de livros, tinham a chance de obter melhores descontos das editoras e, assim, repassá-los para os clientes. No Brasil, temos, por exemplo, a *Saraiva Mega Store* ou *Fnac*, que se adequaram perfeitamente ao perfil de grande livraria. Esse novo modelo propiciou aumento significativo nas vendas, pois o livro ganhou, de vez, status de distração e entretenimento.

Uma curiosidade é que, atualmente, nos Estados Unidos, as cinco maiores editoras do país – *Random House*, *Harper Collins*, *Time Warner*, *Penguin USA* e *Simon & Schuster* – são responsáveis pela produção de 80% dos *best-sellers* no país.[33]

Essa combinação de fatores fez com que os livros *best-seller* se tornassem um gênero literário bem à disposição do público, especialmente, o feminino, e que, cada vez mais, pudessem vender mais e mais. Um dado interessante é que,

---

33. Dados disponíveis no *site* http://en.wikipedia.org/wiki/Bestseller. Acessado em 21/05/06.

nos Estados Unidos, na década de 40, o americano Frank Luther Mott propôs o critério que considera um livro como sendo *best-seller*, em termos comerciais, quando ele atinge um total de vendas equivalente a 1% da população daquele país, na década em que fosse publicado[34]. Os mesmos critérios não servem para o Brasil, já que um livro é considerado *best-seller* caso venda acima dos 200 mil exemplares.

Uma pesquisa realizada pela editora norte-americana *Cader Books* em parceria com a revista *People Magazine*[35], no início do ano 2000, divulgou os dez livros mais vendidos, ano a ano, entre 1900 e 1998 e forneceram dados acerca dos *best-sellers*. É interessante apontar que, na mesma pesquisa, entre 1991 e 1998, os seguintes autores de ficção, reconhecidos como *best-sellers* (comercialmente bem sucedidos), aparecem entre os dez mais vendidos de cada ano:

---

34. Revista Eletrônica Interthesis. http://www.periodicos.ufsc.br/index.php/interthesis/article/view/795/10835. Acessado em 20/04/2010.
35. Dados disponíveis no *site* http://www.caderbooks.com/bestintro.html. Acessado em 01/05/2010.

Tabela 1 – Autores de ficção em destaque na lista dos 10 mais vendidos entre 1991 e 1998.

Ano	Autores de ficção em destaque entre os 10 mais
1991	John Grisham, Tom Clancy, Danielle Steel, Stephen King, Mary Higgins Clark.
1992	John Grisham, Danielle Steel, Stephen King, Mary Higgins Clark, Anne Rice.
1993	John Grisham, Tom Clancy, Danielle Steel, Stephen King, Anne Rice, Scott Turow.
1994	John Grisham, Tom Clancy, Danielle Steel (ocupa 3 posições seguidas).
1995	John Grisham, Danielle Steel, Stephen King, Mary Higgins Clark.
1996	John Grisham, Tom Clancy, Stephen King, Danielle Steel, Patricia Cornwell.
1997	John Grisham, Danielle Steel, Patricia Cornwell, Mary Higgins Clark.
1998	John Grisham, Tom Clancy, Stephen King, Danielle Steel, Patricia Cornwell, Mary Higgins Clark.

A partir da tabela, podemos concluir que o público leitor de *best-sellers*, no período citado, tem como temas preferidos ordenadamente o **romance jurídico**, representado por John Grisham, que já vendeu mais de 250 milhões de livros pelo mundo e foi traduzido para 29 idiomas[36]; **romance de espionagem**, por Tom Clancy; **romance romântico** voltado para o público feminino, destacado por Danielle Steel, que figura na lista anual com mais de um título a cada ano. Até hoje, são 107 livros publicados e 580 milhões de exem-

36. Dado disponível no *site* do autor: http://www.jgrisham.com/bio/. Acessado em 01/05/2010.

plares vendidos em 47 países e traduzidos para 28 idiomas[37]; **romance de terror**, com Stephen King; **romance de suspense** com Mary Higgins Clark e Patricia Cornwell. Entre os anos de 1980 e 1989, reinaram absolutos os autores Stephen King, Danielle Steel e Tom Clancy.

De acordo com uma matéria do jornal norte-americano *USA Today*[38], em 2009, Stephenie Meyer liderou a lista dos 100 autores mais vendidos nos Estados Unidos, emplacando os livros da série Crepúsculo nas quatro primeiras posições. Encontramos, ainda, nomes como Dan Brown (autor de *Código Da Vinci* e *O Símbolo Perdido*), J. K. Rowling (da saga *Harry Potter*) e, bem como em décadas anteriores, John Grisham, Nora Roberts e Stephen King.

Dentre os autores relacionados, John Grisham teve o maior número de livros adaptados para o cinema, nove no total, e entre eles estão *Tempo de Matar* (1989), *A Firma* (1991), *O Dossiê Pelicano* (1992), *O Cliente* (1993), *O Homem que Fazia Chover* (1995), *O Júri* (1996); Já Tom Clancy teve os livros *A Caçada ao Outubro Vermelho* (1984), *Jogos Patrióticos* (1987), *Perigo Real e Imediato* (1989) e *A Soma de Todos os Medos* (1991) filmados, todos eles com o personagem Jack Ryan como protagonista.

---

37. Dado disponível no *site* da autora: http://daniellesteel.net/blog/about-me/. Acessado em 28/04/2010.
38. Dado disponível no *site* do jornal: http://www.usatoday.com/life/books/news/2010-01-05-top-books-2009_N.htm. Acessado em 24/07/2010.

Capítulo 3
Sidney Sheldon em análise

Neste capítulo, vamos nos dedicar exclusivamente à análise mais profunda de temas, personagens, problemas, semelhanças e diferenças nos quatro romances escolhidos – *O Outro Lado da Meia Noite* (1975), *A Herdeira* (1978), A *Ira dos Anjos* (1980) e *Se Houver Amanhã* (1985) – e, principalmente, estudar em quais momentos Sidney Sheldon faz uso, ou não, das características comuns do Romance e do *best-seller*. Não é nosso objetivo analisar levando em consideração a psicologia dos personagens, realizar estudos socioeconômicos da sociedade ocidental atual e, sim, tentar fazer um levantamento das questões já abordadas e, em seguida, encaixá-las no universo das obras de Sheldon.

A pesquisa realizada pela editora norte-americana *Cader Books* em parceria com a revista *People Magazine*[39] também oferece os seguintes dados sobre a literatura de Sidney Sheldon:

39. Dados disponíveis no *site* http://www.caderbooks.com/bestintro.html. Acessado em 01/05/2010.

Tabela 2 – Sidney Sheldon em números

Ano de destaque	Livro e posição no ano	Ano de lançamento
1976	10. *Um Estranho no Espelho*	1975
1978	4. *A Herdeira*	1977
1980	3. *A Ira dos Anjos*	1980
1982	4. *O Reverso da Medalha*	1982
1985	4. *Se Houver Amanhã*	1985
1987	6. *Um Capricho dos Deuses*	1987
1988	2. *As Areias do Tempo*	1988
1990	4. *Lembranças da Meia-Noite*	1990
1991	6. *O Juízo Final*	1991
1992	6. *Escrito nas Estrelas*	1992
1997	7. *O Plano Perfeito*	1997

Ou seja, a partir da tabela, podemos confirmar que cada romance lançado por Sheldon tornou-se um dos livros mais vendidos no ano assinalado, o que reitera sua posição de autor *best-seller*; isto é, o autor publicou diversos livros comercialmente bem sucedidos.

A seguir, a análise dos romances de Sidney Sheldon nos auxiliará a entender se a obra do autor se encaixa também na conceituação de *best-seller* como gênero literário. Porém, antes do início propriamente dito das análises, um resumo de cada um dos romances a serem estudados para contextualização.

– ***O Outro Lado da Meia Noite* (1975)** – vendagem no Brasil: 207.418 exemplares[40] – A história gira em torno das personagens Catherine Alexander, uma americana de Chicago, e Noelle Page, uma francesa de Marselha. As duas nasceram no mesmo ano, em 1919, e a narrativa conta a vida de cada uma delas e como as duas se cruzam por causa de um homem em comum, o piloto de guerra norte-americano Larry Douglas, uma pessoa que guarda muitos segredos.

Larry e Catherine casam-se nos Estados Unidos. Noelle, um antigo caso passageiro e sem importância de Larry, ao ser abandonada por ele, jura que, enquanto estiver viva, destinará sua vida a vingar-se dele. Noelle e Larry encontram-se anos depois, na Grécia, quando ele se muda com a esposa para lá, a fim de trabalhar para o futuro marido de Noelle. Sem sinais de reconhecê-la, ele é seduzido por ela e, amantes, planejam a morte de Catherine.

O livro começa com o julgamento de Noelle e Larry, na Grécia, acusados da morte de Catherine. Os dois são condenados à morte e executados. Mas, ao contrário do que fora divulgado, Catherine havia conseguido fugir do marido, na última tentativa de assassinato, e é salva por freiras de um convento após uma violenta tempestade. No final do livro, descobrimos que Catherine está bem, mas perdeu a memória.

Sheldon, quase 15 anos depois, escreveu *Lembranças da Meia-Noite*, que continua a saga de Catherine em busca da recuperação da identidade.

---

40. Dados fornecidos pela editora Record, em 13/02/2010.

– ***A Herdeira* (1978)** – vendagem no Brasil: 159.242 exemplares[41] – O romance narra a história de Elisabeth Roffe, filha e única beneficiária de Sam Roffe, diretor da Roffe & Sons, a terceira maior empresa farmacêutica do mundo. O início do livro explica a morte de Sam e a trama se desenrola em torno de Elisabeth, ao assumir a direção da empresa. Ao longo da história, ela descobre que está sendo planejada uma conspiração para tirá-la do poder e que, na realidade, seu pai foi assassinado. O que a surpreende é que o assassino é alguém de sua família, participa da diretoria e é acionista da empresa. Ao seu lado, ela tem Rhys Williams, protegido de Sam, homem por quem ela é apaixonada desde a adolescência e acaba se tornando o principal suspeito. Ela sofre ameaças e tentativas de assassinato. Mas, no final, descobrem que o assassino era seu primo inglês, Sir Alec Nichols.

– ***A Ira dos Anjos* (1980)** – vendagem no Brasil: 176.050 exemplares[42] – O romance narra a história de Jennifer Parker, uma jovem advogada, recém-formada, e apaixonada pela profissão, que, em seu primeiro dia de trabalho como assistente do advogado mais renomado de Nova Iorque, Robert Di Silva, cai na armação de Michael Moretti, um poderoso mafioso que está em julgamento. Por causa dessa armação, Di Silva perde sua única testemunha e, sem outras provas, o julgamento é invalidado e Michael é libertado.

A partir de então, Di Silva jura a Jennifer que fará o possível para destruir a carreira dela. O caso tem repercussão nacional e nenhum escritório ou advogado quer trabalhar com a advogada. Sem opção, ela consegue dividir um

---

41. Dados fornecidos pela editora Record, em 13/02/2010.
42. Dados fornecidos pela editora Record, em 13/02/2010.

escritório sujo, pequeno e barato num bairro decadente de Nova Iorque com dois detetives e faz bicos dentro de sua área para sobreviver.

Nesse momento, Adam Warner, um charmoso – e casado – advogado, é designado para investigá-la e conclui que a jovem não teve qualquer culpa no caso Moretti. Os dois se apaixonam perdidamente e se tornam amantes.

Aos poucos, Jennifer consegue seus primeiros clientes, muitos deles indicados por Adam (sem que ela saiba, a princípio) e suas boas atuações nos tribunais e recorrentes vitórias fazem com que ela ganhe fama e se torne uma das principais advogadas de Nova Iorque. Em seu encalço, está sempre Di Silva, que não desiste de querer destruí-la.

Por causa dessa emergente fama, Michael Moretti se interessa pela advogada que ele trapaceou e acredita que ela pode ser útil nos negócios da Família. Ele entra em contato com Jennifer, mas a advogada o recusa todas as vezes.

Adam e Jennifer estão juntos há meses quando ela descobre que está grávida. Porém, Adam está prestes a concorrer ao Senado dos Estados Unidos e, mesmo apaixonado por Jennifer, opta pela estrutura familiar e fica com a esposa, que engravida na mesma época em que a amante do marido.

Jennifer, sozinha, dá a luz a Joshua e nunca deixa Adam saber que os dois têm um filho. Num dado momento, um cliente dela, doente mental, revoltado com uma sentença, sequestra Joshua e, desesperada, Jennifer vê-se obrigada a pedir ajuda a Michael. Com muitos contatos, o mafioso consegue resgatar o menino e, vendo-se com uma dívida de gratidão, Jennifer aceita envolver-se com a Máfia e torna-se amante de Michael.

Aos sete anos de idade, Joshua sofre um acidente, bate com a cabeça e acaba não resistindo. Adam fica sem saber que teve um filho. Com a morte do filho, Jennifer mergulha ainda mais na profissão e em seu relacionamento com Michael, homem que ela considera irresistível.

O resto da trama gira em torno do triângulo Jennifer-Adam-Michael. O mafioso descobre a paixão da amante pelo já senador e, num atentado, tenta matar os dois como vingança. Ambos se salvam e Michael é morto pela polícia. Adam é eleito presidente dos Estados Unidos e, sozinha, sem seu amor, seu filho e seu amante, Jennifer tenta seguir com sua vida.

– ***Se Houver Amanhã* (1985)** – vendagem no Brasil: 274.672 exemplares[43] – O romance narra a história de Tracy Whitney, uma jovem bancária que, ao saber do suicídio da mãe e das pressões que ela sofria por parte de mafiosos de Nova Orleans, decide vingar-se com as próprias mãos. Mas, ingênua, acaba caindo numa armadilha feita por Joe Romano, homem que ela tenta matar, e é condenada a 15 anos de prisão.

Ela cumpre oito meses de pena na cadeia e, no dia em que está preste a fugir, Amy, a filha do diretor da penitenciária, menina de quem ela é babá, sofre um acidente. Dividida entre ajudar a menina e fugir, ela opta por ajudá-la e, diante de muita publicidade positiva, recebe perdão do governador da Louisiana e é solta.

Assim que volta à sociedade, seus primeiros passos consistem em, com muita inteligência, se vingar de cada um

---

43. Dados fornecidos pela editora Record, em 13/02/2010.

dos mafiosos que prejudicaram a ela e a sua mãe. Ao ver cada um deles destruídos, ela volta a preocupar-se com sua própria vida.

Nesse momento, Tracy encontra-se pertencendo a um grupo discriminado pela sociedade. Ex-presidiária, não consegue arranjar emprego e, sem dinheiro, acaba aceitando participar de um roubo. Ela se sai tão bem, que acaba fazendo de sua profissão assaltar milionários inescrupulosos.

Nos trabalhos, ela conhece Jeff Stevens, um sedutor ladrão, que vira seu competidor número um. Conhecidos como os melhores do ramo, os dois são contratados para um trabalho juntos e, depois de anos de brigas, conflitos e competições, acabam se apaixonando. Os dois se casam, se aposentam da vida de roubos e, milionários, mudam-se para o Brasil.

3.1 As protagonistas

As personagens principais descritas por Sheldon – Catherine Alexander, Jennifer Parket, Tracy Whitney e Elizabeth Roffe – são consideradas boas meninas, nascidas em famílias dignas e, em termos físicos, são todas morenas e de olhos pretos. A única exceção é Noelle Page, a loira *femme fatale* de *O Outro Lado da Meia-Noite*, sensual ao extremo, uma dádiva na cama e, talvez, Sheldon fê-la loira justamente porque, em nossa sociedade, as mulheres loiras são vistas como mais sensuais, traiçoeiras, fatais.

É interessante notar que, das cinco personagens em destaque, três delas têm 24 anos no início das histórias e as outras duas têm idade em torno dos 20. Mas, ao acompanharmos as tramas, percebemos que as cinco mulheres atingem o sucesso profissional, encontram o homem que transforma suas vidas e atingem a vida sexual perfeita antes dos 30 anos. No começo de todas as narrativas, elas são inseguras, acham-se feias, mas, adultas e amadurecidas, tomam consciência de sua beleza. De ingênuas, passam a mulheres fortes, maduras, decididas, obstinadas. Porém, para todas elas, esse crescimento se dá em torno de uma dor muito grande, a partir do enfrentamento de algum obstáculo: a traição do pai e de Larry Douglas para Noelle Page; A vida por conta própria em Washington, DC, para Catherine Alexander; A morte da mãe e a prisão para Tracy Whitney; A armadilha feita pela Máfia e o fundo do poço profissional e pessoal para Jennifer Parker; A morte do pai e a necessidade de assumir os negócios da família para Elizabeth Roffe.

As personagens se jogam de cabeça no trabalho e se tornam *workaholics*, um mal muito debatido na sociedade capitalista da atualidade. Nenhuma delas mede esforços para aprender, viram as noites em seus escritórios, abdicam da vida social em prol do trabalho, mesmo quando é apenas uma forma de escape para a dor interior. Grande parte de seus sucessos precoces se dá por esse esforço, mas, por outro lado, elas contam também com a sorte de trabalharem justamente com pessoas mais influentes e de prestígio. Noelle envolve-se com os maiores artistas da França; Catherine com o melhor publicitário do governo norte-americano; Jennifer trabalha com o um advogado rico e reconhecido, que é o futuro senador e presidente dos Estados Unidos; Tracy tem um tutor que possui os contatos mais influentes da Europa e Estados Unidos; Elisabeth herda um império farmacêutico já construído. Elas são competentes, batalhadoras e inteligentes, mas têm sorte de possuir, por perto, pessoas qualificadas e prestigiosas, tutores experientes.

Todas as cinco personagens são heroínas que nem sempre agem totalmente dentro dos padrões morais e éticos, mas, se assim se comportam, é porque a vida, o destino, as obriga. Elas são mulheres com defeitos e qualidades e sobre isto, Flávio R. Koethe explica:

> Quando se quer criar um personagem apenas sublime, elevado, acaba-se criando alguém artisticamente baixo porque carece de veracidade. Todo personagem que apenas corporifique qualidades positivas ou negativas é um personagem trivial, pois foge à natureza contraditória das pessoas e não questiona os próprios valores.[44]

Todas as personagens passam por façanhas que as tornam fortes. É essencial, no *best-seller*, que haja façanhas, porque são elas que constroem e validam os personagens. Como Flávio R. Kothe diz, em *O Herói*, "quanto maior a desgraça do personagem, maior a sua grandeza. A desgraça ensina-lhe sobre a condição humana".[45] Ao passar pelas dificuldades da vida, as protagonistas se humanizam e ganham a simpatia dos leitores. Ao mesmo tempo em que são pessoas como qualquer um de nós, elas passam pelas suas dificuldades de forma brilhante e se tornam objetos de projeção, de admiração, de força e superação. Por exemplo, ao passar sete dias na solitária, dentro da cadeia, Tracy não se desespera. Ela usa o momento para praticar Tai Chi Chuan, planejar

---

44. Koethe, 1987: 58
45. Koethe, 1987:32

sua vingança, exercitar a mente com cálculos matemáticos. No término do sétimo dia, os guardas impressionam-se com a vitalidade redobrada da mulher, enquanto outras presas haviam saído dali deprimidas, definhando. No caso de Noelle, ela se autointitula *Fênix*, animal mitológico que ressurge das cinzas, por sobreviver e reviver depois das duas traições consecutivas que sofreu. Conclusão, elas são heroínas legítimas que triunfam no final.

Quando pensamos em Tracy Whitney, podemos questionar o fato de Sheldon tê-la tornado uma criminosa. Mas, ao longo da própria narrativa, o autor dá as respostas. Na visão dele, Tracy saiu da prisão e encontrou-se oprimida pela sociedade por sua nova condição. Foi julgada, sofreu preconceitos, foi demitida de inúmeros empregos. Por sobrevivência, aceitou o primeiro trabalho para assaltar. Mas, logo de início, o primeiro agente deixa bem claro: a mulher que ela estaria roubando era alguém de poucos escrúpulos. Tracy se apaixona pelo perigo, pela tensão, pela recompensa do crime. Porém, numa passagem, em pensamento, ela jura a si mesma que nunca irá prejudicar qualquer ser humano, que só irá roubar daqueles que tiverem roubado de outras pessoas, que foram inescrupulosos. Ao final de cada roubo, parte do pagamento que ela recebia era doado para instituições de caridade. Ou seja, como um personagem da trama explica, ela transformou-se na personificação de *Robin Hood,* ao tirar dos ricos e dar para os pobres, e, com isso, ganhou a redenção. O público passa a admirar sua astúcia e como consegue enganar as pessoas que ganham a vida ludibriando pessoas simples.

No caso de Noelle Page, podemos encaixá-la no que Koethe descreveu como o tipo de herói, ou anti-herói, que é repleto de ódio e rancor, sente uma raiva que não acaba, mesmo com a morte do adversário (no caso, a ideia de que Catherine havia sido assassinada), possui sede de vingança até o fim, ou seja, características que acabam por representar a realidade.[46]

Quanto à Catherine, enquanto ela namora o publicitário William Fraser, mantém relações sexuais com Larry Douglas, ou seja, trai seu parceiro. Mas Sheldon justifica o ato como impossível de controlar, um impulso frenético, mas que era baseado no amor verdadeiro. De certa forma, Catherine é o espelho de inúmeras mulheres que já passaram por situações semelhantes e, para Sheldon, o fato não a torna uma anti-heroína e, sim, uma mulher com qualidades e fraquezas.

É essencial também assinalar a questão do sexo nos livros de Sheldon. Todas as heroínas encontraram seus pares ideais, homens com quem fizeram sexo divino, animal, anestesiante, impossível de suportar de tão maravilhoso, como o próprio Sheldon descreve nas cenas. Não há falhas ao longo dos atos sexuais, dúvidas, medos, inibições. As mulheres são tomadas por um instinto animal incontrolável, enquanto os homens são deuses de beleza e potência capazes de dar a elas orgasmos múltiplos e explosivos. Os personagens fazem sexo incansavelmente, ignorando qualquer limitação física. Em certos momentos, chega até a ser um pouco infantil tamanha idealização. Talvez isso represente, em parte, a fantasia feminina de encontrar total realização no sexo. Os personagens têm ferocidade animal, uma libido inesgotável,

---

46. Koethe, 1987: 28

mesmo depois de virar noites e noites dentro do escritório, trabalhando.

Além disso, em algumas passagens, nos quatro livros, encontramos os personagens em situações "pré-sexo", em que ainda não houve o toque, o primeiro beijo, mas que Sheldon descreve como sendo "insuportável", "arrebatador", "de violência animal".

Vamos observar alguns exemplos. O primeiro é uma descrição de *A Ira dos Anjos,* em uma relação de Jennifer Parker e Michael Moretti:

> Jennifer nunca havia conhecido alguém como Michael Moretti. Ele era insaciável. Seu corpo era atlético, esguio e definido. Quando ela se deu conta, ele havia se tornado parte do corpo dela, pegando-a de jeito em seu próprio frenesi, levando-a junto com ele, numa onda insuportável de excitação que crescia e crescia até que ela, finalmente, gritou, tomada por um prazer animal. Quando eles terminaram de fazer amor e Jennifer deitou-se ao lado de Michael, ele começou tudo de novo e, novamente, Jennifer foi tomada por ele e, de novo e de novo, e ela sentiu uma sensação de êxtase quase insuportável de se aguentar.[47]

Outro exemplo, agora, de *O Outro Lado da Meia-Noite*, em relação à primeira noite de amor entre Catherine Alexander e Larry Douglas:

---

47. Sheldon, 1980: 334. Tradução livre.

> (...) E ela o sentiu quente, duro e pulsante em suas mãos, enquanto os dedos dele estavam dentro dela, abrindo-a gentilmente e amorosamente. Em fração de segundos, ele estava em cima dela, dentro dela e ela sentiu um prazer incomensurável, que nunca havia achado possível sentir. Ali, eles estavam juntos, mexendo-se mais e mais rápido, num ritmo fantástico que abalou o quarto e o mundo e o universo, até que veio a explosão que se transformou num êxtase delirante, um inacreditável final de viagem, uma chegada, uma partida, um final e um novo começo. (...) Nada do que ela havia lido ou ouvido havia preparado-a para aquilo. Era impressionante como o corpo de outra pessoa pudesse trazer um prazer tão insuportável.[48]

Questão crítica, em Sheldon, são os relacionamentos familiares. As cinco personagens são apaixonadas pelos pais, os veem como exemplo, apesar de todos os defeitos que possam ter. Apenas Tracy tem boa relação com a mãe. As outras protagonistas ignoram suas mães, têm vergonha e desgosto delas e, em quase todos os casos, tais mães sequer travam qualquer diálogo com as filhas.

Outro ponto em comum entre elas é a *solidão*. Todas sãos mulheres solitárias, sem amigos, que viveram infância e adolescência isoladas, com a cabeça apenas em seus sonhos e fantasias. Quando adultas, se relacionam, mas, geralmente, só com o parceiro sentimental ou algum amigo – geralmente um homem –, em quem confiam, mas com certas reservas, e que, geralmente, se apaixonam por elas, mas não são correspondidos. No caso de Jennifer, tem-se Ken Bailey;

48. Sheldon, 1973: 199.Tradução livre.

Catherine encontra William Fraser; Elisabeth apoia-se em Rhys Williams; Tracy tem como tutor o inglês Gunther Hartog; Noelle confia em Israel Katz. Os outros personagens são apenas colegas com quem as protagonistas se envolvem, especialmente, por questões de trabalho, mas não há qualquer tipo de profundidade.

As quatro mulheres, com exceção de Catherine, também têm em comum o fato de viverem em busca de uma *vingança*. Jennifer quer vingar-se de Michael, mas acaba por se envolver sexualmente com ele; Noelle desenvolve uma obsessão doentia por Larry Douglas; Tracy quer se vingar, a todo custo, dos mafiosos (Joe Romano, Tony Orsatti, Perry Pope) que mataram sua mãe e colocaram-na na cadeia; Elisabeth deseja vingar a morte do pai. Vale ressaltar que os homens (Joe Romano, Tony Orsatti, Michael Moretti, Sir Alec Nichols, Larry Douglas) que arruinaram a vida de cada uma das mulheres, causaram dores e prejuízos, no final das contas, tornaram-se responsáveis por gerar profundas transformações internas, crescimento e amadurecimento que permitiram-nas se transformar em lindas mulheres.

Todas também cometeram deslizes, fugindo à imagem de heroínas perfeitas, e tornam-se mais humanas. Sem dúvida, tais fatos as aproximam mais das leitoras. Catherine trai o namorado William Fraser com Larry, torna-se alcoólatra durante um período; Noelle usa os homens em troca de seus objetivos e para pôr em prática seu plano de vingança; Jennifer mente no tribunal algumas vezes em prol de suas causas, se torna amante de Adam, um homem casado, e envolve-se sentimentalmente com um dos mafiosos mais procurados; Tracy faz do hábito de roubar sua profissão. Talvez,

Elisabeth seja a única protagonista que não cometeu algum tipo de erro moralmente questionável.

Encontramos também excessiva idealização na construção dos personagens e de seus relacionamentos. Por exemplo, em *O Outro Lado da Meia-Noite*, Noelle Page envolve-se com Philippe Sorel, o ator *mais famoso* da Europa; Mora com Armand Gautier, o diretor de teatro e cinema *mais renomado* do mundo (sim, Sheldon faz questão de frisar que é "do mundo"); Torna-se amiga de Israel Katz, um médico que atende atores *mais famosos* da Europa, reis, rainhas, príncipes de todo o globo; Envolve-se, na época da II Guerra Mundial, em Paris, com o general alemão Scheider, que é o *representante imediato de Hitler* na França; Muda-se para a Grécia com Constantin Demiris, o homem *mais rico do mundo,* dono de dezenas de ilhas e de empresas em todos os ramos, espalhadas por todos os lugares do mundo, sendo capaz de subornar pessoas e definir-se como "Deus"; Como seu advogado, tem Napoleon Chotas, o criminalista *mais famoso* do mundo. E, além de tudo, todos eles subestimam Noelle, no início, especialmente, por ela ser mulher, mas, no final, encontram-se completamente apaixonados por ela, dominados, seduzidos, escravizados.

Nos outros casos, Jennifer Parker torna-se *a melhor* advogada criminalista dos Estados Unidos e namora tanto o mafioso *mais procurado* pela polícia quanto o mais novo *presidente* eleito dos Estados Unidos; Catherine Alexander é a *melhor* Relações Públicas de Washington, DC, e consegue triplicar o número de clientes da agência de Fraser, mesmo sem qualquer experiência na área; Elizabeth Roffe é filha do *maior imperador farmacêutico* do mundo e, mesmo sem experiência, comanda *perfeitamente* uma multinacional com sede em dúzias de países, que desenvolvem outras dúzias de produtos; Tracy Whitney torna-se a ladra *mais eficiente, esperta e inteligente* que o mundo já conheceu e mobiliza o FBI e a polícia de todos os países europeus, que saem à sua procura e, ainda assim, não deixa uma falha e não consegue ser pega.

Em todos os exemplos, elas são mulheres de marca própria, de renome, de prestígio. Sheldon deixa claro que elas atendem ao pedido urgente do capitalismo de "ser alguém", de ter sucesso, de ser reconhecido. São muito espertas, inteligentes, têm ideias revolucionárias e brilhantes, um poder de raciocínio rápido que não permite com que falhem; elas têm poder de percepção, de atitude, de pró-atividade. No que diz respeito à vida social, frequentam os melhores restaurantes de Paris, Londres e Nova Iorque, têm mansões nos bairros mais caros do mundo, incluindo vilas na Sardenha (Itália), Inglaterra, Long Island (EUA), Grécia, Suíça, França. Teríamos todos os motivos para detestá-las, invejá-las, mas o que surge é uma grande simpatia por todas elas, pelo esforço delas para conquista respeito e carinho, e um desejo quase inadmissível de que nossas vidas fossem similares, emocionantes e bem relacionadas como as delas.

É interessante assinalar que, nos quatro livros, Sheldon levanta a questão da competitividade entre homens e mulheres, especialmente, no campo profissional. Tomemos como exemplo esta passagem de *A Herdeira*, em que é feita uma reflexão em torno do assunto:

> Elizabeth logo se deu conta de que tinha um problema em especial. Ela era uma mulher num mundo dominado pelos homens e descobriu que tal fato fazia toda a diferença. Ela nunca havia acreditado em que os homens realmente concordavam com a inferioridade das mulheres, mas surpreendeu-se. Ninguém, de fato, expressou de forma clara seus pensamentos sobre o assunto, mas Elizabeth passou a lidar com isso todos os dias. Era uma atitude nascida de preconceitos muito antigos e era impossível de se escapar. Ela teve que lidar com o fato de que homens não gostam de receber ordens das mulheres. (...) Para os homens, o pensamento era claro: se eu posso transar com ela, então, posso controlá-la.[49]

Para muitos dos personagens masculinos de Sheldon, as mulheres são vistas como meros objetos sexuais, incapazes de destaque tanto no campo profissional quanto sexual. Eles as subestimam em diversos momentos. Mais um exemplo, desta vez, do livro *O Outro Lado da Meia-Noite,* em que Noelle Page e Armand Gautier têm relação sexual pela primeira vez:

> Como a maioria dos homens franceses, Armand Gautier se orgulhava por ser um amante muito habilidoso na cama. (...) No caso de Noelle, ele decidiu dispensar todos os seus artifícios de conquista. Para um caso de uma noite, não era preciso grande coisa. Ela era o tipo de mulher que servia apenas para o sexo. Seria muito ingênua de acreditar que poderia simplesmente abrir as pernas, como qualquer outra mulher, em troca da maravilhosa e grandiosa inteligência que Armand Gautier possuía. [50]

49. Sheldon, 1977: 280. Tradução livre.
50. Sheldon, 1973: 107. Tradução livre.

O que ocorre em todos os romances é que as protagonistas acabam por surpreender tais homens e ganham destaque tanto em suas profissões quanto na cama. Elas ocupam cargos importantes e se tornam chefes deles, deixando-os incrédulos. De certa forma, podemos pensar que, quanto mais importante o cargo que a personagem ocupar, a importância e grandeza da empresa em que ela trabalhar, suas habilidades de raciocínio, intuição, percepção e a importância das pessoas com quem ela se relacionar, mais saborosa vai ser a vingança dela, mesmo que velada, em relação a esses homens que as subestimaram. Podemos supor que essa foi uma forma que o autor escolheu para poder valorizar as mulheres, para conferir-lhes importância, grandeza, especialmente, na sociedade em que as mulheres sofrem vários tipos de preconceitos. Possivelmente, cada vez que uma personagem ascende e deixa para trás um homem que a subjugou, as leitoras se projetam e se sentem apoiadas, vingadas e validadas.

Os únicos homens retratados como maduros e sensíveis o suficiente para perceber o valor das mulheres, suas habilidades e necessidades são os protagonistas masculinos, os homens pelos quais as personagens se apaixonam.

Vale ressaltar também as relações matrimoniais nos quatro romances. Para personagens como Constantin Demiris, Michael Moretti, Adam Warner, Auguste Lanchon, general Scheider, todos casados, a figura das esposas vem relacionada a imagens negativas. Elas são retratadas como "bobas", "sem expressão", "fracas", "servas" e os homens deixam claro que se casaram com elas por interesse ou pena.

Segue um exemplo no qual Michael Moretti, em *A Ira dos Anjos*, faz uma reflexão sobre a esposa, Rosa Garnelli:

> Basicamente, Michael Moretti ignorava as mulheres. Elas eram muito sensíveis. Ou muito fracas. "Rosa, por exemplo", ele pensou, "ela é como um cachorrinho de estimação que faz tudo o que mandam. Ela limpa minha casa, cozinha para mim, transa comigo quando eu quero transar, cala a boca quando eu a mando calar".[51]

No mesmo livro, Adam Warner reflete sobre a sua relação com a esposa, Mary Beth:

> Adam Warner soube, desde o início, que seu casamento com Mary Beth havia sido um erro. Ele havia sido impulsivo e idealista, e tentou proteger uma jovem menina que aparentava estar perdida e vulnerável a todas as ameaças. Ele daria tudo para não magoar Mary Beth, mas Adam estava loucamente apaixonado por Jennifer.[52]

Em contrapartida, esses personagens homens encontram nas protagonistas – Noelle Page, Jennifer Parker, Catherine Alexander – as amantes perfeitas. Eles se apaixonam por elas, justamente por acharem que são independentes, inteligentes, seguras e, principalmente, por deixarem-nos inseguros e também à vontade o suficiente para sentir o que desejam.

Ainda em *A Ira dos Anjos*, percebemos a forma diferente como Michael Moretti enxerga Jennifer Parker:

---

51. Sheldon, 1980: 188. Tradução livre.
52. Sheldon, 1980: 177. Tradução livre.

> Michael nunca havia conhecido uma mulher de força, que tivesse tido coragem de desafiá-lo. Jennifer Parker havia tido a audácia de desligar na cara dele. (...) Michael Moretti pensou sobre isso e sorriu. (...) De repente, ele se viu pensando em como ela deveria ser na cama. Provavelmente, um animal selvagem.[53]

E ainda:

> Jennifer Parker havia dado a volta por cima, ainda estava na luta para alcançar seu lugar. Michael gostava disso. Ele a havia visto na televisão na noite anterior, explicando sobre sua vitória em cima de Robert Di Silva, e Michael sentiu-se extremamente encantado.[54]

3.2 Temas

Nos quatro romances estudados, verificamos que alguns temas se apresentam de forma recorrente. São eles: personagens femininos com dificuldade de socialização e solitárias, traição, questões polêmicas envolvendo pai e mãe, profissionais *workaholics*, competição profissional entre homens e mulheres, alcoolismo, vingança, presença da Máfia, gravidez/aborto, superação pessoal, amor platônico, conspiração, preconceitos e discussão acerca do sistema penitenciário.

Após analisar cada um dos itens, fica claro que os temas se repetem de forma constante e contínua. As temáticas

53. Sheldon, 1980: 190. Tradução livre.
54. Sheldon, 1980: 124. Tradução livre.

de cada romance são basicamente as mesmas (incluindo cenas que se repetem sucessivamente, como julgamento de personagens), sendo que a diferença está em quem são os personagens e as ações que os envolvem. Aparentemente, cada livro apresenta uma temática especial, mas os motes complementares são praticamente idênticos.

Em todos os quatro casos, os personagens masculinos são os causadores dos problemas das protagonistas, seus obstáculos. Eles competem com elas, julgam-nas, colocam-nas em posições complicadas, causando danos à vida delas. E, num momento de superação pessoal, as personagens mulheres precisam, por conta própria, dar a volta por cima e reassumir o controle para sobreviver.

3.3 Divisão do tempo

Sidney Sheldon divide os seus romances em capítulos. E, em cada capítulo, para marcar o local onde se passa a cena e dar voz a determinado personagem, o autor especifica a data e o lugar (país ou cidade) no alto da página, antes de iniciar o texto. Porém, quando há uma mudança brusca de tempo ou de acontecimento, ele faz a divisão por meio do que chama de *book*, ou seja, cria um segundo "livro" dentro do livro original.

Cada *book* contém um período significativo de vida das personagens. Quando há longa passagem de tempo e mudanças significativas de rumo e de contexto, ele pula para o próximo *book*. Por exemplo: *Book 1* – nascimento da personagem principal; *Book 2* – Personagem principal entre os

20 e 30 anos de idade; *Book 3* – Personagem principal entre os 40 e 60 anos de idade.

3.4 Abordagens sobre o final: feliz ou real?

O que se pode dizer em relação ao final de cada romance? Em *Se Houver Amanhã* e *A Herdeira*, Tracy Whitney e Elizabeth Roff têm final feliz ao lado de seus amados.

Em *O Outro Lado da Meia-Noite*, Noelle Page é executada enquanto Catherine Alexander, mesmo sem memória, é salva e bem cuidada por freiras gregas e recebe total apoio financeiro e emocional de Constantin Demiris, ex-marido de Noelle. Depois de ser traído por Noelle, o grego vinga-se da amante e decide cuidar da vítima do casal "Page-Douglas".

Já em A *Ira dos Anjos*, o final é o mais cruel dos quatro romances. Jennifer Parker perde seu escritório, Adam Warner opta por ficar com a esposa e o filho, Joshua e Michael morrem. Sozinha, ela volta para Kelso, Washington, sua cidade natal, para recomeçar a vida. De certa forma, a ausência de um final feliz faz com o que o romance tome ares de realidade, de verossimilhança, mas, sem dúvida, boa parte dos leitores se decepciona ao se ver impotente diante do sofrimento da jovem advogada. Jennifer é a heroína que mais sofreu. No trecho abaixo, na voz de Jennifer, Sheldon faz uma análise sobre a existência humana:

> Por um momento, a mente de Jennifer clareou.
>
> Joshua havia ido embora.
>
> Adam havia ido embora.
>
> Michael havia ido embora.
>
> Ela estava sozinha. No final, todos estamos sozinhos. Cada pessoa tem que morrer e sentir a própria morte. Seria mais fácil morrer naquele momento.[55]

E a cena final é a que causa maior impacto. Numa noite de janeiro, Jennifer sai na rua, caminhando, tomada por uma dor profunda, e o autor diz: "Ela estava olhando para o passado e tentando entender quando é que todos os sorrisos haviam desaparecido".[56]

Porém, nos quatro romances, os personagens considerados "maus", aqueles que causaram qualquer tipo de prejuízo às protagonistas – Noelle Page, Larry Douglas, Michael Moretti, Joe Romano, Tony Orsatti, Sir Alec Nichols –, pagaram suas dívidas e maldades com a própria vida. Como nos folhetins e romances mais clássicos, o final do bandido foi à morte.

Concluímos que, para finalizar suas obras, Sheldon opta por várias possibilidades que também existem na vida real, isto é, algumas personagens terminam felizes, bem casadas, enquanto outras sofrem perdas durante a vida e não se recuperam por completo, precisando sempre arranjar formas de continuar vivendo. A única regra é para os personagens mau caráter, que perdem a vida nas últimas páginas.

---

55. Sheldon, 1980: 502
56. Sheldon, 1980: 504

Conclusão

Best-seller: a história de um gênero é um estudo pioneiro sobre como o mercado editorial e a Literatura denominam, de formas diferentes e particulares, os livros *best-sellers.* Este primeiro trabalho permite que leitores e estudantes obtenham ferramentas suficientes para compreenderem o tema e base para desenvolverem pesquisas relacionadas mais aprofundadas.

Os exemplos retirados dos livros de Sidney Sheldon possibilitaram melhor compreensão da teoria proposta, além de observação e confirmação de que há, sim, uma estrutura, um esqueleto que suporta o *best-seller* como gênero literário. Verificamos, também, que o romance foi importante influenciador e serviu como uma raiz sólida.

Acredito ter ficado evidente que nem todos os livros que figuram nas listas dos mais vendidos seguem as características do *best-seller* como gênero literário. Por outro lado, há os exemplares produzidos seguindo as particularidades do gênero *best-seller*, mas que não obrigatoriamente são sucessos de venda e entram para os índices de mais vendidos. Ou seja, o *best-seller*, para o mercado editorial e livreiro, visando o comércio, pode, sim, ser considerado o livro que vende mais; mas, para a literatura, ele é o um gênero que segue certo tipo de narrativa, em que há tramas voltadas para o comportamento humano, sexo, crime, espionagem, terror, amor etc. Há preocupação com a história a ser contada, com as ações, necessidade de conteúdo e há estruturação dos personagens, numa lógica de tempo e espaço, dentro da narrativa. Resumindo o ponto principal: há enfoque no entretenimento.

Podemos pensar que, para os críticos, o *best-seller* é considerado "subliteratura" por causa do padrão fechado que o gênero tende a seguir. Porém, percebe-se que seguir um padrão, não necessariamente significa ser relapso com o texto, com o estilo, com o desenvolvimento, desencadeamento e coerência da narrativa. E não quer dizer que o autor vá tratar o leitor como um ser incapaz de reflexões. O fato de não optar por reflexões profundas e palavras densas é uma escolha e, não, uma consequência. O *best-seller* é uma literatura voltada para o entretenimento que não tem como objetivo o "fazer pensar", como obras de autores considerados acadêmicos, por exemplo.

Após o estudo e análises mais detalhadas dos livros de Sidney Sheldon, a partir do capítulo 3, pudemos perceber que o autor desenvolve um esqueleto básico em suas obras, que se repete, havendo apenas poucas modificações entre eles.

Percebemos, ainda, que, assim como Muniz Sodré pontuou como características do *best-seller* em *Best-Seller: uma literatura de mercado*, as obras analisadas encaixam-se quase perfeitamente dentro dessas características. Encontramos *pedagogismos*, ou seja, Sheldon tenta passar, para o leitor, ensinamentos que considera sendo úteis, assim como, na voz dos personagens, expõe pontos de vista e pensamentos sobre a sociedade retratada na época, mesmo que aquele não seja, de fato, sua crença. Percebemos também que ele faz uso de dados jornalísticos e informativos, como, por exemplo, ensinar ao leitor sobre História, a geografia dos lugares, apresentar detalhes do funcionamento de instituições, abordar profundamente a cultura de certos lugares, fazer uso excessivo do recurso de detalhamento de ambiente. É interessante notar que certas características da literatura de Sheldon não estão descritas de forma direta em Muniz Sodré, mas, ainda assim, percebe-se que elas se repetem dentro do universo das obras do autor, o que ratifica que ele faz uso de um esqueleto, nem que seja um baseado na sua forma pessoal de escrever.

Além disso, todos os seus personagens têm um nome e sobrenome que os tornam pessoas reais, atuais e não seguem um padrão dicotômico, ou seja, não podem ser enquadrados como "bons" ou "maus". Eles apresentam falhas e virtudes o que faz com que se aproximem do leitor e sejam alvos de projeção.

E, acima de tudo, as obras de Sheldon se encaixam na característica essencial do *best-seller*: a procura pelo entretenimento. A leitura é fácil, clara, dinâmica e repleta de ações que despertam a curiosidade do leitor, a ponto de fazê-lo ter necessidade de terminar o livro o mais rápido possível. Mas, ao final de cada obra, percebemos que não houve intenção de que ficasse em aberto qualquer tipo de reflexão mais profunda ou alguma análise sobre questões polêmicas, envolvendo moral. Existiu, apenas, a vontade de se contar uma boa história.

Para sublinhar a importância de Sidney Sheldon para o mercado literário e para seu público leitor, a família do autor, após seu falecimento, em 2007, concluiu ser importante que as obras dele continuassem a ser produzidas e divulgadas. A jovem jornalista e escritora britânica Tilly Bagshawe, autora de *Adorada*[57], passou por um teste de qualificação e, diante seu bom desempenho, foi escolhida como profissional apta para dar continuidade aos livros do autor.

Em seu primeiro trabalho para a família Sheldon, Tilly escreveu *A Senhora do Jogo*, publicado em 2009, em sequência ao clássico *O Reverso da Medalha* (1982). A partir desse fato, é possível pensar, mais do que nunca, que o *best-seller* é um gênero cujo formato fechado e repleto de características únicas permite que os autores sejam imitados, copiados ou, como nesse caso, sequenciados. Vale ressaltar que *O Reverso da Medalha* vendeu 139.008 exemplares enquanto *A Senhora do Jogo*, nos quatro primeiros meses de lançamento, alcançou a vendagem de 53.920 exemplares[58]. Os números são bastante expressivos.

A autora concedeu uma entrevista, feita por e-mail[59], e fala sobre sua experiência de retomar a obra de Sidney Sheldon.

1) O que Sidney Sheldon e seu trabalho significaram em sua vida a ponto de você ter sido escolhida para continuar a escrever os livros dele?

Tilly Bagshawe: Eu sempre fui grande fã dos livros de Sidney Sheldon, desde a adolescência, então, ter a chance de escrever um novo livro dele foi inacreditavelmente excitante

---

57. Publicado no Brasil pela editora Record em 2005.
58. Ambos os dados liberados em fevereiro de 2010, pela a assessoria de imprensa da editora Record.
59. Em 11 de fevereiro de 2010.

e inesperado. O lado negativo é que há muita pressão, afinal, confiaram em mim para manter o nome e a reputação de um ícone. Mas, obviamente, Sidney é um grande exemplo de escritor e me senti muito honrada e apavorada com o trabalho.

2) Você e Sidney Sheldon puderam ter contato? Como a família dele chegou até você?

TB: Eu nunca conheci o Sidney pessoalmente, mas enviei para ele um exemplar do meu primeiro romance, chamado *Adored*, que foi publicado nos Estados Unidos. Ele me escreveu de volta uma carta muito gentil e encorajadora. Meu contato com a família se deu por meio de um homem chamado Mort Janklow, o agente literário de Sidney em Nova Iorque e grande amigo da família Sheldon. O filho de Mort, Luke Janklow, é meu agente literário. Após o falecimento de Sidney, Mort e Luke começaram a conversar sobre a grandeza das obras de Sheldon e como seria incrível se os livros pudessem ganhar sequencias. Assim, Luke mencionou meu nome, descrevendo-me como uma escritora de textos com estilo similar ao de Sheldon e uma pessoa, talvez, capaz de fazer o trabalho. Em seguida, me pediram para escrever trechos e capítulos "na voz" de Sidney. Ou seja, tive que fazer testes para o trabalho. Então, conheci a família de Sidney e concordamos em levar o projeto adiante.

3) Por que *O Reverso da Medalha* (*Master of the Game*, em inglês) foi o primeiro livro a ganhar sequência?

TB: Os livros *O Reverso da Medalha* e *Se Houver Amanhã* eram as duas primeiras opções para serem sequenciados, pois apresentam finais que possibilitam uma continuação. Eu ficaria feliz em escrever a sequência de qualquer um deles, mas, no final, optamos por *O Reverso da Medalha* por eu ter mais experiência com sagas familiares e gostar do tema.

4) Como um autor pode conseguir seguir a mesma fórmula do "escritor original"? Você tentou se manter fiel a Sidney Sheldon ou acredita que é possível dar sequência ao trabalho de um autor e, ainda assim, imprimir a própria marca no texto?
TB: Meu objetivo é manter a mesma fórmula e, quando possível, adicionar um pouco da minha marca pessoal. Obviamente, procurei criar referências e exemplos atuais, mais modernos e de acordo com o nosso tempo. Mas, no que se refere ao estilo do texto e ao tom, fiz o possível para ser o mais fiel à forma de escrita do Sidney. Por sorte, o estilo dele, os seus temas e as suas heroínas eram únicos e particulares e tal fato ajudou na hora de imitá-lo. Para mim, escrever como outra pessoa é comparável a atuar, você precisa de método e disciplina. Tentei entrar na mente de Sidney, conversei com os seus editores, os familiares e os amigos para, assim, conseguir compreender sua escrita e mergulhar de cabeça.

5) A capa de *A Senhora do Jogo* tem o nome de Sidney Sheldon impresso em letras maiúsculas e garrafais, para chamar atenção do público leitor, enquanto o seu nome aparece em tamanho menor. Qual foi o objetivo dessa campanha de marketing? Seria manter vivo o trabalho de Sidney Sheldon e vender os livros como se tivessem sido escritos por ele? Ou você já recebeu permissão para tentar sucedê-lo?
TB: Um pouco dos dois. Definitivamente, o principal é manter vivo o legado de Sidney Sheldon. Mas, ao mesmo tempo,

seria errado tentar enganar os leitores a respeito de quem escreveu o livro. Eu vejo *A Senhora do Jogo* como uma colaboração, um livro que não poderia existir sem Sidney Sheldon e sem mim juntos. É o produto de um esforço conjunto e espero que a capa reflita nossa ideia.

É possível perceber, a partir das palavras da autora Tilly Bagshawe que um livro *best-seller*, por oferecer estrutura própria, é passível de continuações, sem que o texto novo apresente linguagem e características diferentes do texto original. Por outro lado, ao oferecer sequência a uma obra já publicada, é preciso que o autor domine técnicas de escrita baseadas na qualidade e na criatividade, e acima de tudo, manter-se focado no ato de contar uma boa história e entreter.

O *best-seller* não pode, de forma alguma, ser tratado como uma literatura de menor valor por apresentar uma narrativa mais simples e de construção vocabular menos sofisticada. É essencial lembrar que seu surgimento se deveu a uma demanda social, a partir do advento da industrialização. Muito mais do que um gênero narrativo, o *best-seller* é o produto de um fato histórico profundo que modificou classes sociais e econômicas e estilos de vida e de pensar. A nova forma de escrever é reflexo imediato de uma necessidade da burguesia, que estava em busca de formas de entretenimento que fossem compatíveis com o recém-surgido modelo de vida.

O processo de industrialização se desenvolveu ao longo dos séculos e, ainda hoje, o *best-seller* é um gênero que atende às grandes massas, que dedicam de 8 horas a 12 horas diárias para o trabalho físico e/ou intelectual e, nos momentos de lazer, procuram por opções que ofereçam perspectivas diferentes, que os motive a enfrentar o dia a dia e auxilie a lidar com as crises cotidianas. O *best-seller* dá a oportunidade ao leitor de fantasiar e criar uma válvula de escape pessoal, sem perder o foco na realidade.

Agradecimentos

Agradeço a minha mãe Nazira, que me tirava da cama todas as manhãs quando eu não tinha ânimo para ir à faculdade. Ao meu pai Paulo, por estar ao meu lado, demonstrar todo seu afeto, me incentivar e embarcar nas minhas loucuras. Ao Romulo, por ter sido fundamental durante um período importante da minha vida. A minha irmã Ju, leitora crítica de todos os meus originais, textos, bilhetes, assessora particular e grande incentivadora. A Maheva Khalid, a melhor analista do mundo, por sempre me lembrar que a vida só anda para frente e me fazer acreditar no quanto sou linda por dentro e por fora. Aos meus avós Janette, Abdon, Paulo e Maria Alice, que sempre participaram da minha educação com muito amor e ainda fazem das tripas coração por mim. Também a Denise e Dona Lady, madrasta e avó postiça que ganhei e não vivo mais sem. Amo muito, muito vocês.

Agradeço ao Marcus, Laura e Eduardo Gasparian, sócios da Livraria Argumento, pela oportunidade de ter meu primeiro emprego no mercado editorial. A Tatiana Serbeto, Solange Vital, Pedrão, Cido, Bruna Pinheiro, Vivi Fischer, Graça. Agradeço aos meus queridos amigos e companheiros de trabalho da Approach e da Ediouro, minha nova casa, que me receberam de braços tão abertos e me ensinam muito todos os dias. Obrigada aos amigos das editoras Intrínseca, Rocco, Record, que tanto ajudaram nesta pesquisa e no fornecimento de dados.

E, claro, agradeço aos meus amigos do mundo da literatura, que, cada um a seu jeito, me aconselham, me incentivam, me elogiam e me criticam de forma positiva e já se tornaram companheiros para a vida toda. São grandes exemplos: Ana Cristina Melo, Ana Maria Santeiro, Luis Eduardo Matta, Felipe Pena, Livia e Luiz Alfredo Garcia-Roza, Edney Silvestre, Angela Dutra de Menezes, Lucia Bettencourt, Celina Portocarrero, Camila Perlingeiro, Mariana Newlands, Sérgio França, Maria Helena Whately, Laurentino Gomes, Cintia Borges, Adriana Sardinha, Valéria Martins, e, por último, mas não menos importante, Tomaz Adour e Barbara Cassará, meus editores e amigos queridos, que acreditaram no meu trabalho e apostaram em mim. Agradeço também aos meus professores da PUC-Rio.

Obrigada ao Sidney Sheldon, por ter escrito livros incríveis que nunca deixam de me inspirar. Fique em paz no Céu dos Escritores.

Um beijo especial para o meu irmãozinho Gabriel que, apesar de ser pequenino e ainda não saber ler, adora visitar livrarias e já tem amor pelos livros e histórias. O amor que ele tem por mim, muitas vezes, me lembra o quanto eu sou especial.

Bibliografia

BLOOM, Clive. *Bestsellers:* Popular Fiction since 1900. New York: Palgrave Macmillan, 2002.

KOTHE R., Flávio. *O herói.* 2ª ed. Rio de Janeiro: Ática, 1987.

LANZA, Sonia Maria. *Jornalismo: da origem folhetinesca à folhetinização da informação.* Trabalho apresentado ao III Encontro Nacional da História das Mídias, da Rede Alfredo de Carvalho, GT1 – História do Jornalismo, sob a coordenação da Prof. Dra. Marialva Barbosa da UFF.

LIMA, Tereza Marques de Oliveira, MONTEIRO, Maria Conceição. *Figurações do feminino das manifestações literárias.* Rio de Janeiro: Caetés, 2005.

SHELDON, Sidney. *Bloodline.* New York: Warner Books, 1977.

SHELDON, Sidney. *If Tomorrow Comes.* New York: Warner Books, 1985.

SHELDON, Sidney. *Rage of Angels*. New York: Warner Books, 1980.

SHELDON, Sidney. *The Other Side of Midnight*. New York: Warner Books, 1973.

SILVA, Fernando Moreno da. *Cultura e Mercado: o best-seller em questão*. Revista Internacional Interdisciplinar Interthesis online (UFSC), Florianópolis: Julho, volume 3, nº 2, p 1 – 21, julho 2006. Disponível em http://www.periodicos.ufsc.br.

SODRÉ, Muniz. *Best-Seller: a literatura de Mercado*. 2ª ed. Rio de Janeiro: Ática, 1988.

STUBBS, Patricia. *Women & Fiction:* Feminism & the Novel 1880-1920. Grã-Bretanha: The Harvester Press Ltd, 1979.

WATT, Ian. *A ascensão do romance*. 2ª ed. São Paulo: Schwarcz, 1996.

Wikipedia, the free encyclopedia. 2006. Disponível em www.wikipedia.org. Acessado em 10/06/2006 e 28/04/2010.